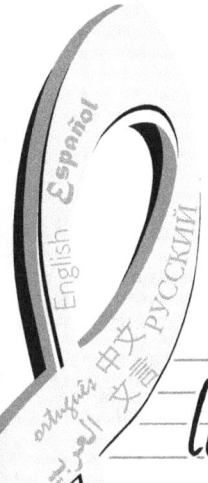

Idioma é música

Mais de 70 dicas fáceis e divertidas para
aprender idiomas com facilidade!

Comunique-se com o mundo!

Susanna Zaraysky

Tradução para o português: Nilson Bonadeu

Dedicatória

Aos meus pais, Rimma e Isak Zaraysky, por me forçarem a fazer aulas de piano e clarinete, mesmo eu não querendo praticar todos os dias. Foi também muito inteligente terem, sorrateiramente, me empurrado para aulas de francês na 7ª série. (Meu professor da 6ª série achava que eu não estava pronta para línguas estrangeiras e assinou um documento afirmando que não seria permitido que eu fizesse língua estrangeira na 7ª série. Meus pais mudaram a resposta dele no formulário antes de enviá-lo para minha nova escola. Hoje em dia todos nós rimos sobre a avaliação equivocada que o professor de 6ª série fez sobre meu potencial!)

Dr. Oliver Sacks, se não fosse pelo seu livro Musicophilia, eu poderia nunca ter resolvido o meu mistério linguístico e este livro nunca poderia ter sido escrito.

Prefácio ao livro *Idioma é música*

"Eu adorei o livro! Acho que vai ajudar as pessoas que querem aprender e aqueles que estão curiosos sobre aprendizagem de línguas adicionais. Muitas pessoas querem aprender novas línguas, mas ficam com medo ou desanimadas com os cursos que tiveram. Ao ler *Idioma é música* encontrarão a motivação para tentar novamente por conta própria e com o apoio de amigos."

- *Dr. Elba Maldonado-Colon, Professora do Departamento de Ensino Fundamental do programa bilingue, San Jose State University*

"SIMPLESMENTE SOLTE SUA LÍNGUA!
Com visão lírica e uma sólida experiência Susanna Zaraysky, autora de *Idioma é música*, fornece etapas fáceis para aprender uma língua. Longe se vão as estratégias escolares entediantes e desconexas das quais a maioria de nós se lembra. Você nunca aprendeu um idioma desta forma rápida e fácil. Os métodos de Zaraysky encarnam diversão, conexão, ritmo e, acima de tudo... música."

- *Suzanne Lettrick, Educadora M.Ed e fundadora da Global Education and Action Network*

"Esqueça dicionários e livros de frases... o guia fácil de Susanna Zaraysky para a aprendizagem de idiomas é indispensável para qualquer estudante sério que queira tornar-se fluente - e não apenas proficientes em conversação - em outro idioma. *Idioma é música* vai te ensinar como fazer da aquisição da linguagem uma parte da sua vida diária e a recriar o tipo de ambiente de total imersão, necessário para a fluência. Leitura altamente recomendada para poliglotas aspirantes. Pegue este livro e você também vai ser todo ouvidos!"

- *Justin Liang, fala japonês, mandarim, cantonês, marshalês e espanhol intermediário*

"De volta à França eu passei muitos anos aprendendo inglês "acadêmico" na escola. Mas eu progredi muito mais rápido quando me forcei a ouvir a BBC ou não olhar para as legendas ao assistir um filme americano. Eu gostaria de ter tido o livro de Susanna comigo naquela época. Ele é repleto de ideias criativas e dicas práticas que são complementos indispensáveis para os métodos tradicionais de aprendizagem de línguas estrangeiras - e está vindo de alguém em que você pode confiar, ela fala muitos deles!"

- *Philippe Levy, falante nativo de francês*

"Este livro é ótimo. Ele me mostrou uma nova abordagem para a aprendizagem de uma língua. Vou fazer um bom uso do livro. Como um falante de inglês como língua estrangeira fiquei muitos anos na escola de inglês e não tive muito progresso. Eu aprendi muitas dicas como as que eu li neste livro com o tempo. No entanto, se eu tivesse lido este livro antes, ele teria tornado a minha vida muito mais fácil e eu teria economizado muito tempo. Vou aplicar as dicas de *Idioma é música* para aprender uma terceira língua, espanhol. Desta vez, tenho certeza de que vou fazer um enorme progresso muito mais rápido. *Idioma é música* não é apenas útil na aquisição de uma língua estrangeira, mas os recursos e web sites no livro são valiosos para quem quer viajar para o exterior."

- *Fabien Hsu, falante nativo francês*

"*Idioma é música* é uma ferramenta única para estudantes de línguas. A grande quantidade de ideias estão combinadas com a lista completa dos recursos on-line e off-line de aprendizagem de línguas. Desde a primeira página, você pode sentir a atitude alegre e refrescante de Susanna para com o mundo. Ela se diverte muito ao lidar com a Torre de Babel, além de tornar possível que o seu leitor também se divirta. Suas experiências de viagens e amor para com as línguas são o paradigma de como qualquer pessoa pode se tornar um cidadão do mundo."

- *Carmelo Fontana, Co-fundador de uma empresa de educação on-line para aprendizagem de língua*

Idioma é música
Mais de 70 dicas fáceis e divertidas para aprender idiomas com facilidade!
Copyright © January 2014 por Susanna Zaraysky
Primeira edição

Todos os direitos reservados. Nenhuma parte deste livro pode ser usada ou reproduzida por qualquer meio sem a permissão por escrito do autor e editor, exceto para pequenas citações dentro de artigos ou avaliações do livro.

Kaleidomundi
PO Box 1253
Cupertino, CA 95015
USA
www.createyourworldbooks.com
E-mail: info@kaleidomundi.com

ISBN: 978-0-9820189-3-4
LCCN: 2013915752

Capa e Diagramação: Krista Thomas
Tradução: Nilson Bonadeu
Revisão: Enio Tarcísio Sant' Anna Teixeira Lima, Lucas de Mello Leite, Murilo Ricci, Thiago Silva, Vanessa Lima
Tipos usados neste livro: Futura, criado por Paul Renner e Baskerville, criado por John Baskerville.

Introdução

O livro *Idioma é música* contém mais de 70 dicas para melhor aprender idiomas. As ferramentas mais indicadas para esse objetivo são assistir a filmes e à televisão, usar recursos de baixo custo na internet, escutar rádio e ouvir e cantar música.

A ideia do livro de idiomas surgiu quando as pessoas me perguntavam como eu tinha conseguido aprender tantos idiomas diferentes. Eu nunca fui a melhor estudante nas aulas de idiomas, mas conseguia falar melhor que muitos alunos que tinham estudado o mesmo idioma por mais tempo que eu. Por muitos anos não sabia o porquê.

É a música!

Compreendi, depois de ler o livro *Musicophilia*, do neurologista Oliver Sacks, que eu ouvia os idiomas como música. O Dr. Sacks explicou no seu livro que a música ativa mais partes do cérebro do que o idioma escrito ou falado. Ou seja, se você ouve informações com uma melodia é mais fácil lembrar-se delas do que se você só tivesse lido a mesma informação. É por isso que lembramos a música dos anúncios e o conteúdo dos comercias que ouvimos no rádio ou que vimos na televisão, mas pode ser que não nos lembremos, à tarde, do que o nosso professor escreveu no quadro-negro de manhã, ou do que lemos ontem no jornal.

Pensei, então, em basear o método nos ritmos e melodias de músicas, porque o foco em gramática e vocabulário, comumente usado nas escolas, é um processo muito entediante e poucos estudantes de línguas conseguem falar um outro idioma depois de anos de estudo e memorização de gramática e palavras. Além das minhas aulas ouvia muitas músicas em outros idiomas e prestava atenção quando ouvia falantes nativos conversando nos meus idiomas-alvo.

Conforme uma investigação da Dra. Karen Ludke, na Universidade de Edimburgo (Escócia), cantar palavras ou pequenas frases em um idioma estrangeiro pode melhorar significativamente o aprendizado do idioma. Sessenta adultos participaram do estudo baseado no idioma húngaro. O grupo que cantou as frases teve um desempenho melhor do que o grupo que apenas falou as frases. Por meio do canto foi mais fácil recordar com maior precisão as frases em húngaro. O estudo foi publicado na revista *Memory and Cognition*.

Meu objetivo é ajudar outras pessoas a aprender idiomas sem sotaque, utilizando música e outros meios para complementar as suas aulas de idiomas.

Para mim, a pronúncia é o mais fácil porque eu ouço os idiomas como se fossem canções ou melodias e, então, tento copiar o que ouço. O mais difícil é não perder a paciência com a gramática. Mas agora, que entendo que música ativa mais partes do cérebro do que o idioma falado, entendo que se pode aprender gramática com canções. Quando você ouve uma canção pode memorizar o padrão das palavras e lembrar as regras gramaticais.

Quando você ouve algo numa frequência diferente em outro idioma, com agudos e graves diferentes do habitual do seu idioma, pode não ouvir corretamente, porque seu cérebro não está acostumado ao som. Usar música ajuda a aumentar o alcance da frequência para que os ouvidos sejam capazes de processar e, portanto, capazes de ouvir corretamente o que é fundamental para se pronunciar.

Além de música, é extremamente importante ouvir a língua que você deseja aprender antes de falar. Ouvir antes de falar serve para treinar sua audição.

Como parte de um programa de doutorado, Paul Sulzberger, da Universidade de Victoria, Wellington, Nova Zelândia, realizou um experimento que investigou a capacidade de falantes nativos de inglês reconhecerem palavras faladas em russo após uma única exposição. Os participantes do experimento não tiveram qualquer exposição anterior ao idioma russo.

O reconhecimento auditivo das palavras em russo foi estreitamente relacionado à frequência com que os padrões sonoros dessas palavras ocorrem no léxico inglês. As palavras em russo com padrões sonoros pouco ou nunca ouvidos em língua inglesa foram difíceis de reconhecer – mesmo segundos depois da primeira exposição. A implicação para o aprendizado de uma segunda língua é que o aprendizado do vocabulário depende de um conhecimento intuitivo dos padrões sonoros típicos do idioma alvo. Esse conhecimento só pode ser adquirido através de uma exposição auditiva extensiva ao idioma, ou seja ouvindo-se a língua por bastante tempo. Isso permite que o cérebro extraia e aprenda os padrões típicos do idioma alvo, que são elementos constitutivos fundamentais para a rápida aquisição de novos vocábulos.

Esse livro lhe dá as ferramentas que você precisa para saber como ouvir uma nova língua. Parece fácil ouvir, mas o fato é que muitos pensam que sabem ouvir porque pensam que ouvir é uma coisa natural, mas quando eles estão "ouvindo", na verdade, eles estão pensando em outras coisas e não prestam atenção à língua-alvo. Antes de falar temos que saber como ouvir.

Morar no exterior? NÃO necessariamente

Não é necessário morar no país onde se fala o idioma que você quer aprender. Eu aprendi a maior parte do meu português na Califórnia, ouvindo a rádio dos imigrantes portugueses das ilhas Açores. É por isso que tenho um sotaque com muita influência portuguesa. Eu nunca morei num país onde se fala português. É por isso que é muito, muito importante, no começo ouvir o idioma falado por pessoas nativas. Ou seja, se em vez de ouvir o português de Açores eu tivesse ouvido o português falado com um sotaque forte dos Estados Unidos, com o "r" fraco e sem vogais nasais, eu falaria português com sotaque muito americano.

Talento natural? NÃO!!!

Não é uma coisa de talento natural. O jeito está em saber ouvir. Infelizmente, muitas pessoas não sabem escutar em seu próprio idioma e é por isso que elas tem muitos conflitos com a família ou amigos. Quando não ouvimos outras pessoas e só pensamos no que vamos dizer não é uma conversa, é um monólogo. É o mesmo quando aprendemos outro idioma, se não ouvirmos do jeito que fala um falante nativo nunca poderemos ter uma boa pronúncia e formar bem as frases.

Notas

Alguns dos sites apresentados neste livro não são em português. Fiz o máximo para encontrar sites e recursos em português, mas não foi possível para todos os casos. Então, em alguns sites, as informações aparecem em inglês ou em espanhol. Sugiro ler o que conseguir entender em espanhol ou mesmo em inglês.

Esse livro é um complemento aos estudos de gramática e vocabulário, seja em uma aula de idiomas ou se você estuda em casa com um livro. Para saber como falar de maneira correta é necessário saber as regras gramaticais de um idioma. Não se pode aprender inglês apenas escutando as músicas de Lady Gaga e assistindo filmes de *Indiana Jones*! Mas a música é uma ótima ferramenta para lembrar a gramática, vocabulário e a forma de construir frases no seu idioma-alvo.

Índice

Seção 1: Notas do regente   13

Seção 2: Ouça, ouça, ouça   25

Seção 3: Hora do concerto   33

Seção 4: Hora do rádio   39

Seção 5: Televisão como lição de casa   45

Seção 6: Filmes para a fluência   49

Seção 7: Seja parte da sinfonia   59

Seção 8: Dia a dia   69

Seção 9: Dicas escritas por leitores   81

Idioma é música

Seção 1: Notas do regente

Introdução: como pensar em um idioma como se fosse música

1. Treine sua audição

Para aprender um novo idioma você precisa preparar os seus ouvidos. Veja: dançar chá-chá-chá ouvindo valsa é como tentar falar um novo idioma enquanto você continua usando o ritmo do seu idioma materno. A dica é: deixe-se levar pelos sons do idioma como se estivesse ouvindo uma nova música.

Mesmo se você for apenas um iniciante e souber poucas palavras de um idioma você pode aprender ouvindo. Preste atenção em como as pessoas falam. Parece que elas estão falando um número de telefone ou falando uma lista de números quaisquer? Elas estão com raiva? Ou felizes? Às vezes você tem que desligar o seu cérebro e a tendência para interpretar e analisar tudo. Ouça as palavras faladas para você e siga a sua intuição.

Divirta-se! Idioma é música.

 *História pessoal*

Durante os primeiros dias do meu primeiro semestre no exterior, em Budapeste, Hungria, em 1997, eu estava na sala do meu orientador da universidade, esperando para falar com ele. Ele estava ao telefone falando em húngaro. Mesmo eu sabendo apenas algumas palavras em húngaro pude supor que ele estava dizendo à pessoa do outro lado da linha um número de telefone, por causa da melodia de sua sentença. A maneira como ele pronunciou a sucessão de números soou muito diferente do resto da sua conversa.

2. Mozart para ajudar!
"Você não pode reproduzir um som que você não pode ouvir."
- Alfred Tomatis, especialista francês em ouvido, foi o fundador do método Tomatis para a aprendizagem de idiomas e terapia da fala.

Alfred Tomatis criou um programa de terapia para treinar ouvidos a ouvir sons que antes não eram percebidos. Tomatis descobriu que a razão das pessoas terem sotaque em outros idiomas e terem dificuldade de reproduzir sons é porque elas simplesmente não ouviram os sons do idioma corretamente. Seus ouvidos cresceram acostumados a processar os sons de sua língua materna.

Alguma vez você já se perguntou por que os brasileiros têm problemas com o artigo "the" em inglês? É porque os sons em inglês têm entonações diferentes do português e o som de "th" não existe em português. Se as pessoas não ouvem sons com uma determinada frequência, elas não podem recriá-los, não importa o quanto tentem. Assim como um saxofone pode fazer sons que um piano não pode os idiomas têm registros e frequências diferentes. Às vezes as pessoas não conseguem ouvir seu próprio sotaque em um idioma estrangeiro, embora possam ter um sotaque muito carregado.

Tomatis criou um programa de treinamento com uma orelha eletrônica que filtra novos sons para o ouvido a fim de treinar os músculos do ouvido para reagir e processar esses novos sons. Ele também encorajou os seus pacientes a ouvir Mozart, porque a música de Mozart tem uma grande variação de sons graves e agudos. Eu nunca fiz a terapia Tomatis e não posso comentar sobre isso, mas escutar Mozart só pode ajudar a treinar seus ouvidos para escutar. Portanto a dica é: se você acredita ou não nas teorias de Tomatis sugiro ouvir música clássica regularmente, sobretudo antes das aulas de idiomas e de prática de conversação, para acalmar o corpo e a mente e aguçar os seus ouvidos.

www.tomatis.com

3. Ouça a batida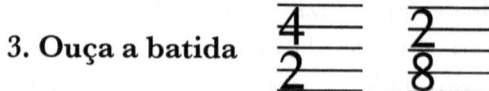

Eu ouço isso toda vez que vou a uma aula de dança! Agora é minha vez de repetir essa instrução.

Algumas pessoas aprendem teoria musical básica quando começam a ter aulas de piano ou violino. Outros só pegam o violão, aprendem alguns acordes básicos e notas e em seguida ficam tateando até tocar músicas e melodias que já conhecem. Em ambos os casos os estudantes de música têm que manter o ritmo da música. Por exemplo, valsas são lentas e o chá-chá-chá é rápido.

Você tocaria tambor africano para acompanhar música de coral?
Será que você dançaria valsa ao ritmo de samba?
Você tocaria um compasso 2/2 ao invés de um 3/4?

Penso que não. Cada música tem seu ritmo. Se você tocar uma sonata como rap, você terá uma sucessão cacofônica de notas ou um trecho "criativo". Mas, na maioria dos casos, não é o que acontece. Normalmente, os músicos permanecem fiéis ao ritmo da música.

O mesmo vale para o idioma. A razão pela qual as pessoas têm forte sotaque em outros idiomas é porque elas estão tocando a música do idioma estrangeiro no tempo e ritmo de seu idioma materno. É como dançar valsa com música de chá-chá-chá.

Se você ouvir o idioma como música e prestar atenção ao ritmo, fluxo, acentuação e ao tempo das palavras será mais fácil aprender o idioma e ter uma boa pronúncia.

Os seus ouvidos tem que se adaptar às frequências do novo idioma. Por exemplo, a melodia do inglês é muito mais monótona que o português brasileiro, então você tem que ouvir, no início do aprendizado, o inglês falado não para entender, mas para acostumar os ouvidos à melodia do novo idioma.

 **História pessoal**

Eu aprendi português de uma forma não acadêmica, através da rádio portuguesa e escutando músicas brasileiras, então eu não me levava a sério quando falava em português porque o idioma me soava muito lúdico. Agora, depois de ouvir notícias do Brasil e ler artigos mais sérios, sinto que posso falar de temas profissionais, em português, sem achar que estou me comunicando de uma forma muito informal.

Quero ressaltar que, apesar de ser muito atrativo o sotaque brasileiro, em inglês ele pode ser visto como pouco sério e mais sensual, divertido e sedutor que o inglês, que é um idioma pouco sensual e mais sério. Nas situações profissionais é muito importante que o nosso jeito de falar seja visto com seriedade. Pode ser que saibamos muito bem os nossos temas e que estejamos muito preparados, mas se o nosso sotaque não é visto com seriedade podemos perder o respeito dos nossos colegas. Às vezes a "recepção" de um sotaque é uma coisa do subconsciente e as pessoas que falam conosco não vão dizer que o nosso sotaque lhes distrai, mas é provável que isso ocorra. Então, quando você ouve nativos falando no idioma que você quer aprender deve prestar atenção na forma como eles falam. Parece sério? Parece triste? Se você tem com quem praticar este idioma trate de copiar a melodia dos nativos quando eles estão falando, mesmo se você não sabe o que está dizendo ou se só está dizendo fonemas (como um bebê). Faça isso com rádio, televisão e filmes. Copie as pessoas enquanto elas estão falando.

Não escrevo isso para ofender, o meu propósito é de ajudar, para que sejam bem recebidos e bem respeitados. (Poderia dizer a mesma coisa dos americanos e ingleses quando falam português de forma plana e chata, como se fosse inglês.)

Na verdade, copiar o sotaque de um estrangeiro falando o idioma dele é uma ótima maneira de treinar a pronúncia do idioma. Por exemplo, se você esta estudando inglês, tente falar com o sotaque dos americanos e ingleses em português (sem o "r" forte, sem vogais nasais, etc.). Apenas evite fazer esse exercício na frente de um estrangeiro, porque ele pode se ofender, acreditando que você está fazendo troça dele.

Olhe-se no espelho para que possa ver como move a sua boca em português quando fala com sotaque inglês. Pode ser um pouco difícil não rir ao ouvir-se falando como se fosse um estrangeiro, mas é um ótimo exercício!

4. Leia e ouça nas entrelinhas

Meu professor de canto me disse que cantar não é aprender sobre notas em si mesmas, mas sobre as distâncias e as relações entre elas. Ao ouvir o idioma que você deseja aprender preste atenção à gama de sons de uma determinada palavra ou frase. São muitos sons semelhantes entre si? Você gosta de como vogais de sons suaves ficam ao lado de consoantes difíceis? A língua francesa tem muitas palavras começando e terminando por vogais e algumas frases podem ser difíceis de serem compreendidas pelos iniciantes. Falantes de francês pronunciam palavras com multivogais na forma *legato*, ou seja, ligando todos os sons das vogais. Sendo assim, será que você consegue descobrir se há duas palavras separadas em uma frase onde uma palavra termina em vogal e a outra começa com uma vogal? Ou será que tudo soa como uma única e longa palavra?

5. Ouça antes de falar

Será que alguém sente vontade de aprender a tocar violino sem antes ter ouvido um violino? Muito provavelmente não. Então, da mesma forma, você deve se acostumar com a musicalidade de um idioma antes de reproduzir seus sons. Lembre-se de que as crianças primeiro aprendem a fazer sons e depois palavras. Bebês e crianças pequenas ouvem o idioma antes de dizerem as suas primeiras palavras, com um ano de idade, mais ou menos. Eles ouvem primeiro e depois falam. Por isso nem todos são alfabetizados, mas quase todos podem falar pelo menos um idioma.

6. Divirta-se

Começar a aprender um idioma com gramática é como ensinar uma criança teoria musical antes de deixar que ela ouça música, brinque e se acostume com as melodias. Chato, não é? Uma criança quer brincar com uma gaita ou cantar uma música e não aprender sobre acordes graves e agudos. Mesmo adultos são atraídos pela diversão. Sinceramente: quem quer começar a aprender um idioma com gramática? Somente alguém que é um aficionado por idiomas ou um linguista. A maioria de nós quer aprender a se comunicar e para falar é preciso pronunciar palavras. Então precisamos sentir como é a sonoridade do idioma.

Por exemplo, pense em falar frases em japonês como cantar uma canção. É muito mais agradável do que apenas se concentrar em gramática e vocabulário. Quando você se sentir frustrado com um idioma lembre-se de que é apenas um jogo. Não associe aprendizagem de idioma com medo, imaginando seu professor de idiomas intimidando você com conjugações verbais na frente de um quadro-negro velho e empoeirado.

Quando a patinadora Sarah Hughes dos EUA ganhou medalha de ouro nos Jogos Olímpicos de Inverno em 2002, em Salt Lake City, de forma surpreendente, os jornalistas perguntaram como ela conseguiu vencer, mesmo diante de toda a expectativa e pressão da mídia. Ela disse que estava apenas se divertindo no gelo e não se preocupou com a pressão de ganhar. Essa é uma ótima forma de manter a calma. Dica: haverá momentos em que você não vai entender ou vai pronunciar mal as palavras. Ria disto. Aprender pode ser divertido, acredite.

7. Duração e melodia ○ ♫ ♩.

A duração e a melodia de um idioma variam consideravelmente e um estrangeiro tem, literalmente, que entrar no ritmo do idioma para criar frases corretamente. Alguns idiomas são muito melódicos, como o italiano. Outros são monótonos. Se você falar japonês com uma musicalidade de tons altos e baixos em estilo italiano vai soar engraçado. Do mesmo modo, quando pessoas que tem inglês como idioma materno e ao falar italiano não se deixam levar pelas ondas do italiano e falam sentenças planas e monótonas, elas estão perdendo a beleza do idioma italiano.

Os falantes vietnamitas tratam cada sílaba como se fosse uma palavra. Para um falante de inglês o idioma vietnamita pode parecer entrecortado. Isso explica porque alguns vietnamitas falam inglês como se eles estivessem cortando palavras. Eles não estão acostumados a pronunciar palavras longas com muitas sílabas. Do mesmo modo, aqueles que falam idiomas com palavras com mais de uma sílaba têm que mudar seu ritmo de falar e enunciar palavras curtas e rápidas em vietnamita.

Veja que o idioma árabe tem vogais longas e curtas. Pronunciar uma palavra com uma vogal curta em vez de uma vogal longa pode mudar completamente o significada da palavra. O mesmo ocorre na música: se você segurar uma nota mais do que deveria ou jogar um staccato em vez de uma nota inteira, você estará alterando a música e pode cantar errado.

(Staccato: maneira de fazer suceder as notas, separando-as umas das outras = tocar com a técnica do destacado.)

8. Para cima e para baixo < *crescendo* > *decrescendo*

Existe um tom para cima no final de uma frase? Os australianos, pessoas em Los Angeles e no condado Orange na Califórnia, muitas vezes, terminam suas frases com uma nota alta, como se estivessem fazendo perguntas. Embora possa soar como se a pessoa não estivesse certa de si mesma é a forma como as pessoas dessas áreas falam inglês. Isso pode ser um pouco confuso para alguém que está aprendendo inglês. Pode parecer que o orador está constantemente fazendo perguntas. Preste atenção nos sotaques e entonações locais quando estiver aprendendo um idioma.

9. Ênfase

fortissimo

Onde está a ênfase na palavra? Muitas vezes as pessoas pronunciam mal as palavras em outro idioma, porque elas acentuam e enfatizam a parte errada da palavra. Húngaro, embora extremamente complicado gramaticalmente, é fácil de pronunciar. A ênfase é sempre na primeira sílaba da palavra. Sempre. Frases em húngaro sempre têm um som previsível. A ênfase nunca será na última sílaba da última palavra, como pode acontecer em outros idiomas, quando alguém está tentando enfatizar algo em particular. Lembre-se de treinar para ouvir e falar conforme a sílaba tônica correta das palavras no idioma que você está aprendendo.

10. Apaixone-se

O amor romântico é, provavelmente, o caminho mais fácil para a aprendizagem de um idioma estrangeiro. As pessoas aprendem rápido quando elas querem se comunicar com uma pessoa pela qual estão apaixonadas. Se você não está apaixonado por uma pessoa que fala o idioma que você está aprendendo, então você precisa se apaixonar pelos sons do idioma que você está aprendendo, ou se interessar por qualquer outra coisa sobre o idioma ou cultura que você goste. Se não há interesse pelo idioma ou pelo modo como as pessoas o falam vai ser bastante difícil se esforçar para aprender bem. Se você odeia o som do idioma, mas você tem que aprendê-lo para o trabalho ou por outra razão qualquer, procure identificar-se com algo que goste no idioma ou na cultura. Isto vai ajudar bastante. Pode ser comida, música, lugares, cidades, museus, história, pessoas, artistas ou qualquer coisa que você goste.

 *História pessoal*

Depois de viver em Sarajevo, Bósnia, organizando programas de desenvolvimento econômicos durante 15 meses, as pessoas me perguntavam por que eu não falava o idioma fluentemente. Elas sabiam que eu era hábil com os idiomas e que os aprendia rapidamente. Como falante nativa do russo, servo-croata deveria ter sido fácil para mim, porque é um idioma eslavo. No entanto, eu achei o estilo de fala local muito agressivo para o meu gosto. Eu poderia falar em um nível intermediário ou poderia me comunicar o suficiente para minhas necessidades profissionais, mas eu não estava motivada para me tornar fluente.

11. Tenha calma

Sua mente é como uma esponja, que absorve mais quando está aberta e pronta para receber informações, não quando está contraída e estressada. Relaxe e divirta-se.

12. Memória muscular, pratique muitas vezes

Atletas exercitam-se frequentemente para treinar os seus músculos a agir e reagir de maneiras específicas. Músicos praticam os seus instrumentos muitas vezes antes de executar em público. A sua voz e a capacidade para um idioma agem de formas semelhantes. Você não pode fazer uma aula de idioma duas vezes por semana, fazer sua lição de casa e, em seguida, achar que você vai aprender um idioma. Você tem que praticar com frequência. Os seus músculos vocais precisam praticar fazendo os sons de seu idioma-alvo a fim de que os sons venham naturalmente.

13. Seja perseverante e tenha paciência

Você não vai ser um falante fluente da noite para o dia. Você tem que desenvolver a vontade de praticar, perdoar seus erros e continuar trabalhando. Seja paciente e gentil com você mesmo, mas mantenha-se firme e pratique o idioma. Em breve, você colherá frutos.

Notas maestro

Os três elementos do canto: pronúncia (articulação), fonação (tom) e respiração.

14. Apreciar a importância da boa pronúncia
Nós articulamos os sons com a nossa língua e os lábios. Concentre-se em como você move sua boca ao fazer sons. Você pode ter que abrir mais a boca para melhor reproduzir sons. Lembre-se, cantores têm bocas grandes quando cantam. Alguns teóricos de linguística explicam que temos sotaques para marcar nossas afiliações tribais e separar-nos uns dos outros. As pessoas gostam de falar com alguém que se pareça com elas. Isso faz com que eles se sintam confortáveis. Enquanto sotaques leves em alguns idiomas são aceitáveis, se alguém fala com um sotaque carregado em outro idioma pode ser muito difícil para os falantes nativos compreenderem. Alguns falantes nativos podem evitar a comunicação com pessoas com sotaques ruins, porque soa como se o aprendiz estivesse massacrando o idioma deles. Nesses casos tanto o ouvinte quanto a pessoa que está falando ficam frustrados. Há pessoas que podem escrever perfeitamente em outro idioma e sabem gramática ainda melhor do que os falantes nativos do idioma, no entanto, se elas têm uma pronúncia pobre o seu conhecimento gramatical será praticamente inútil na comunicação verbal. Logo, a capacidade de reproduzir sons corretamente é vital para a comunicação.

15. Tom
O tom é importante na música e no idioma. Vietnamita e mandarim são idiomas tonais com palavras que soam parecidas, mas se diferenciam por possuírem tons diferentes. Se você disser algo com o tom errado você pode estar dizendo algo errado ou incompreensível.

16. Respiração
Lembre-se de parar e respirar. Você pode estar tão ansioso para falar que todas as suas palavras saiam muito rápido, sem fôlego, entre elas. Desse modo, o ouvinte poderá não entendê-lo e você ficará com falta de ar.

Seção 2: Ouça, ouça, ouça

"Toda língua, escrita ou falada, é um idioma morto, até encontrar um ouvinte disposto e preparado."

-Robert Louis Stevenson,
autor escocês

17. Relaxe e escute música no idioma que você está aprendendo

Encontre músicas que você gosta em seu idioma-alvo. Num primeiro momento não se importe se você não entender as letras. Escolha a música que você gosta. Você pode começar a cantar junto, mesmo sem saber o que você está cantando. Isso é bom. Você não está apenas aprendendo o ritmo do idioma, mas você está aprendendo um novo vocabulário. Relaxe e feche os olhos. Desligue as luzes. Deite-se ou sente-se em uma posição confortável. Feche os olhos e ouça a música. Não tente entender as palavras, apenas ouça-as. Você pode cair no sono ou sonhar de dia. Dê-se o tempo para simplesmente ouvir e não fazer mais nada. Sua mente precisa ter calma a fim de que os sons sejam absorvidos. Seus ouvidos precisam de concentração para deixá-los ouvir adequadamente todas as frequências altas, médias e baixas do idioma. Faça isso regularmente.

A sua biblioteca local pode ter uma seleção de CDs em língua estrangeira. As grandes lojas de música possuem seções de música estrangeira, onde você pode ouvir um CD antes de comprá-lo.

Você pode também encontrar músicas para baixar grátis ou a um custo baixo em:
www.itunes.com
www.rhapsody.com

Procurar vídeos de música no idioma-alvo em:
www.youtube.com

18. Ouça música em segundo plano

Ouça música no seu idioma-alvo quando estiver dirigindo, fazendo tarefas domésticas, cozinhando, cuidando do jardim, etc. Mesmo se você estiver apenas passivamente escutando a música os ritmos do idioma vão se tornar mais familiares para você. É fundamental estar rodeado pelo sons, mas não precisa estar no país onde essa língua é falada.

 **História pessoal**

Quando eu trabalhava no pós-guerra de Sarajevo, morava em um apartamento em que não havia televisão. Eu sempre escutava o rádio no meu aparelho de som pequeno. Mesmo que a maioria das músicas fossem techno-pop ou música popular da Bósnia, que eu não gostava tanto, ouvia de qualquer maneira, para escutar o idioma. Fiz algumas aulas de idioma servo-croata, mas eu fiquei entediada e não fiquei motivada para continuar. Como eu já falava russo, outro idioma eslavo, as lições servo-croatas de idioma eram lentas e chatas. Para a surpresa dos donos da casa onde eu vivia e dos meus amigos bósnios eu era capaz de manter conversas e entender o idioma, em nível intermediário, sem muito esforço da minha parte. Eu acredito que isso se deu, em grande parte, devido ao hábito de ouvir música, pois enquanto estava preparando comida ou limpando meu apartamento sempre estava cantando junto com a música do rádio. Isso me deu o ritmo do idioma. Minha fluência nativa em russo foi de grande ajuda para ser capaz de compreender os conceitos básicos do idioma servo-croata e de pegar seus sons. No entanto, apesar das raízes comuns dos idiomas serem semelhantes, muitas palavras são diferentes e há sons que são particulares em cada idioma. A música nas estações de rádio de Sarajevo me ajudaram a aprender as frequências locais.

19. Escreva as letras como você escuta

Ouça música com as luzes acesas, os olhos abertos e um lápis na mão. Escreva as letras das músicas enquanto escuta. Você vai ter que fazer uma pausa na música, voltar e repetir muitas vezes para obter as palavras. Algumas palavras vão ser difíceis de escrever, porque elas podem ser expressões ou gírias que você não aprendeu ainda. Sendo assim, escreva tudo o que conseguir entender. Lembre-se de que os compositores, às vezes, empregam palavras raramente usadas apenas para fazer a rima da canção. Eles costumam fazer jogos de palavras e compor suas letras com palavras que soam iguais ou que podem até mesmo serem escritas da mesma maneira, mas têm significados diferentes. Não fique frustrado com palavras obscuras. Compare as letras que anotou com a canção original e veja quão bem você foi capaz de entender a música. Alguns CDs vêm com as letras no interior da caixa do CD. Se você não as tiver procure-as on-line em sites de letras. Depois de comparar sua versão das letras com a versão original você pode ver o quanto você é capaz de entender e de ouvir a música. Use seu dicionário para traduzir as palavras que você não conhece.

Pesquise músicas, assim como suas letras nos sites a seguir:

http://letras.mus.br
http://www.lyrics.com.br
www.letras.uol.com.br
www.vagalume.com.br
www.letras.com.br
www.azlyrics.com
www.smartlyrics.com
www.elyricsworld.com
http://music.yahoo.com/lyrics

E se você não conseguir localizar as letras nos sites de letras, basta digitar o nome da canção ou citações de fragmentos dela em uma pesquisa na web. Por exemplo, digite "New York, New York" e "letras" na pesquisa. Se você não conhece o nome da canção, mas sabe algumas partes da letra dela, digite as palavras na pesquisa seguidas por "canção" ou "música", no idioma da canção ("song" em inglês, "chanson" em francês, etc.).

20. Reconhecer padrões gramaticais e conjugações nas letras

Quando você ouve uma canção você pode memorizar o padrão das palavras e lembrar a regras gramaticais.

Ao prestar atenção não só ao conteúdo das canções, mas também à estrutura das frases você vai começar a reconhecer padrões gramaticais. A canção está no presente, passado ou futuro? A cantora está cantando no subjuntivo? Padrões verbais irregulares são mais fáceis de entender quando você pode ouvi-los no contexto. Se você não reconhecer algumas das conjugações procure o radical do verbo em uma tabela de conjugação de verbos para descobrir o tempo do verbo. Tenha em mente que quando verbos irregulares são conjugados, em geral, não mantêm o mesmo radical.

No Brasil, a Universidade de São Paulo tem um programa na televisão chamado *Inglês com música*, onde Amanda Acosta canta músicas populares em inglês e Marisa Leite de Barros, uma professora de inglês, explica a pronúncia das palavras mais difíceis. O site tem as letras das canções, traduções para português e vídeos dos programas.

http://univesptv.cmais.com.br/inglescommusica

Você pode participar enviando um vídeo de você cantando umas das canções que eles recomendam no seu site:

http://univesptv.cmais.com.br
inglescommusica/envie-seu-video

Os vídeos serão publicados no site e os melhores poderão ser exibidos no programa *Inglês com Música*.

21. Faça uma lista de vocabulário com as palavras das canções
Para reforçar visualmente o que você está aprendendo ao ouvir música, escreva palavras do vocabulário das canções que está aprendendo em cartões de memória ou pedaços de papel. De um lado escreva a palavra em seu idioma e em seguida escreva

a palavra em outro idioma no lado oposto. Quando você estiver esperando na fila do supermercado você pode retirar os cartões de memória e estudar suas palavras novas. Se você estudar uma música por semana e reforçar o seu aprendizado, praticando o seu vocabulário com cartões de memória, você vai aprender rapidamente novas palavras e se divertir ao longo do tempo.

Se você gosta de utilizar tecnologia para estudar pode fazer cartões no seu computador, Ipod ou celular, utilizando Quizlet ou outros aplicativos similares.

Também pode usar Anki, que utiliza o sistema SRS (Spaced Repetition System). Quanto melhor você aprende uma carta mais tempo ela vai demorar para aparecer de novo. Desse jeito você se concentra naquilo que está aprendendo e minimiza o tempo gasto com coisas que já sabe. Anki e Quizlet são sites só em inglês.

http://quizlet.com
http://ankisrs.net

22. Imagine o conteúdo das letras

Se a música conta uma história, então feche os olhos ao ouvi-la e pense no que o compositor está falando. Crie a história em sua mente do jeito que você a escuta. Assim, a memorização das palavras das canções será melhor do que apenas decorá-las a partir de uma lista de vocabulário. E você estará mais apto a usar as palavras quando você precisar se comunicar. Por exemplo, a famosa canção *New York, New York*, que fala de alguém que vem para Nova York e vê que a cidade está acordada, mesmo à noite. Imagine alguém chegando em Nova York ou outra cidade grande e vendo a cidade cheia de luzes e de ação, as pessoas andando, comendo em restaurantes e bebendo em cafés. As ruas estão cheias de carros e ônibus. Faça este tipo de exercício de visualização para fazer a música ganhar vida para você. Utilize a sua imaginação.

23. Desenhe figuras da história

Depois de imaginar a história descrita na música desenhe o enredo. Ao utilizar suas habilidades de desenho você estará fortalecendo a música em sua mente. Reforço visual é importante para tornar as palavras da canção reais para você.

24. Ouça a música em sua mente

Quando você ouve as músicas mentalmente acaba ouvindo-as na sua forma original, sem o seu sotaque. Relaxe, feche seus olhos e toque a música em sua mente. Seja o seu próprio som. Você estará deixando seu cérebro se acostumar com os sons do idioma e estará recriando-os em sua mente antes de tentar cantar sozinho. Cantores ouvem as notas em seus cérebros antes de abrir a boca e cantar.

Idioma é música

Seção 3: Hora do concerto

Tocar o instrumento:
FALE!

25. Você é o seu instrumento. Ajuste-o!

Seu corpo é um instrumento musical. Não é apenas a boca que faz sons. Seu corpo vibra em lugares diferentes para fazer sons diferentes. Quando você fala em seu idioma de onde vem o som? Preste atenção nisso. A faringe, a cavidade oral e a cavidade nasal são as partes mais importantes do corpo que produzem sons. No entanto as vibrações dos sons podem vir do peito, da traqueia e ressoam nas áreas da cabeça. Concentre-se na origem do som e na ressonância em seu corpo. Quanto mais consciente você estiver de seu corpo, melhor você vai localizar que partes do seu corpo são ativadas quando você fala. Quando você falar em seu novo idioma mantenha o foco nas partes do seu corpo que estão produzindo os sons. Como a sua boca se sente? Você tem que fazer beicinho? Onde a sua língua se posiciona para fazer os sons? Olhe-se no espelho enquanto fala no seu idioma nativo e no idioma-alvo e perceba as diferenças. A sensação ao falar em seu idioma-alvo é diferente de quando você fala em seu idioma nativo? Se assim for tenha isso em mente quando você estiver falando seu idioma-alvo. É fácil retornar para seus velhos hábitos de fala. Quando você perceber que está fazendo sons em seu novo idioma na mesma parte do corpo em que você fala sua língua nativa, corrija-se. Recalibre o ritmo e a pronúncia de acordo com o idioma-alvo. Isso irá ajudá-lo a desenvolver um sotaque melhor. Lembre-se, você está aprendendo um novo tom e tem de ajustar a sua voz para falar segundo o idioma-alvo. Algumas músicas têm muitas notas altas, outras são muito baixas. Com os idiomas é a mesma coisa. Você tem que ouvir a natureza musical do idioma para sentir como as palavras serão pronunciadas, para cima e para baixo.

Português tem muitas vogais nasais, o que quer dizer que quando você fala "quando", o nariz vibra um pouco durante o "ua" e "o". Muitos lusófonos mantêm as vogais nasais em idiomas como o inglês e espanhol, que não tem vogais nasais, causando um sotaque muito carregado e marcante. Mas como muitas pessoas que falam com sotaque eles não estão conscientes da pronúncia que produzem. Então você tem que prestar atenção para saber se o seu nariz vibra um pouco quando pronuncia as vogais em inglês ou outro idioma. Obviamente, não é possível conversar com outra pessoa com as suas mãos sobre o seu nariz para verificar se há vibrações ou não. Em casa você tem que praticar falando com as mãos tocando o nariz. Se você sente uma vibração então sabe que tem que modificar o jeito de falar. Se você tem um falante nativo com quem praticar, pergunte de onde vem o som, que parte do corpo está vibrando. (Poucos nativos, com a exceção de cantores ou pessoas interessadas em línguas são conscientes dos seus corpos quando falam. Pode demorar um pouco para que o falante nativo localize as vibrações no corpo dele quando fala.)

 **História pessoal**

Eu posso sentir meu nariz vibrar quando faço sons de vogais nasais em português. Russo é falado, em sua maioria, com chaves melancólicas menores produzidas nas áreas profundas da boca e garganta. Em inglês os acordes são maiores e mais alegres na minha boca e no fundo de minha cabeça. O francês tem muitos sons guturais que não são fáceis de serem reproduzidos por um falante de inglês, em geral não acostumado a usar a parte de trás da garganta para falar. E eu me encontro fazendo beicinho quando falo em francês para fazer os sons vocálicos originais.

26. Não tenha medo de soar como o Tarzan

Desista de seu ego. Se você é um perfeccionista, você precisa ter o alterego de uma pessoa destemida, que comete erros no seu novo idioma. Nas culturas do leste asiático, as pessoas, muitas vezes, hesitam em falar num idioma diferente, mesmo que tenham estudado, porque elas têm medo de cometer erros. Percebi isso quando viajei para Taiwan e Japão. Não se preocupe. Ninguém é perfeito. Você não tem que ser. Ser intrépido pode ser parte de sua nova alma. Enfrente a realidade. Você vai cometer erros. Você pode, ocasionalmente, ser um tolo fora de si. Quem se importa? Falantes nativos sabem que você está aprendendo o idioma deles e perdoarão os seus erros. Na verdade, na hora em que puder, aprenda com seus erros e ria de si mesmo, você vai se sentir muito mais relaxado. Não vai aprender a falar, a menos que você se dê o direito de falhar. Você vai aprender com sua pronúncia e gramática incorretas. Eu tive que ser Tarzan antes que eu pudesse me tornar multilíngue. Não nasci uma poliglota. Como a maioria das crianças, eu chorei quando eu nasci!

27. Relaxe ao falar!
Quando as pessoas se sentem desconfortáveis ao falar um novo idioma elas frequentemente falam de forma travada ou na defensiva, o que faz com que os falantes nativos fiquem desconfortáveis. Tenha isso em mente quando você estiver falando. Mesmo se você estiver lutando, tente não parecer muito frustrado ou louco, pois você pode assustar as pessoas que, de outra forma, seriam pacientes e ouviriam você. Verifique o seu estilo de falar em um espelho.

28. Cante. Karaokê é o seu caminho para a fluência
Cante as músicas que você está ouvindo. Mesmo que você não esteja pronto para ir ao programa *Ídolos*, cante para si mesmo no chuveiro. Seu esforço não vai ser embaraçoso. Normalmente, seu sotaque nativo fica menos perceptível quando você canta em outro idioma. Percebo que a pronúncia das pessoas parecem muito mais natural quando cantam. Se você memorizar as músicas em um idioma estrangeiro aprenderá a cadência e melodia do idioma. Embora você, provavelmente, não deseje fazer uma serenata para as pessoas, conhecer as músicas é um bom quebra-gelo quando se está em festas e encontra falantes nativos. A menos que seja terrivelmente desafinado, eles vão ficar impressionados com o seu interesse em aprender sobre a cultura deles e, possivelmente, poderão ajudá-lo a aprender outras melodias. A música move a alma. Você pode mover os outros com o seu domínio da música deles. Se você tem um parceiro de conversa (ver seção sete), vocês poderão praticar suas músicas juntos.

29. Grave-se cantando
Use um gravador de voz (fita ou digital) ou use um programa de gravação de seu computador para gravar a si mesmo cantando as músicas. Compare sua versão com as músicas originais. Isso o ajudará a verificar como a sua melodia se compara à gravação de um falante nativo. Continue a ouvir as canções originais e você vai ver que quanto mais você escutar e praticar o canto mais perto você vai soar como o original.

Seção 4: Hora do rádio

Sintonize-se em uma
nova frequência

30. Ouça uma estação de rádio local no novo idioma
Não subestime o poder das FM e AM em seu dial do rádio. Podemos estar na era cibernética, mas milhões de pessoas ouvem rádio todos os dias para ouvir notícias, entretenimento e música. Grupos de imigrantes têm estações de rádio e transmitem em seus idiomas nativos. Quando você começa a ouvir as transmissões de rádio as propagandas podem soar como se elas estivessem emitindo um fluxo ou uma tempestade de sons e não palavras individuais. Com o tempo você vai ouvir palavras familiares repetidas e vai aprender a distingui-las. Os professores de idiomas chamam isso de "competência adquirida." Como sugeri em relação à música você também pode ouvir o rádio com atenção e tomar notas, ouvir em segundo plano ou simplesmente fechar os olhos para ouvir sem esforçar-se para compreender.

 *História pessoal*

Durante anos eu ouvi a Rádio Comercial Portuguesa, a estação de rádio em português de San Jose, Califórnia. Esta estação serviu à comunidade de imigrantes portugueses das ilhas dos Açores. Quando dirigia e ficava presa no trânsito eu escutava as propagandas locais de empresas portuguesas, que variavam de encanadores a empresas de construção de padarias. Eu nem me importava com as empresas de construção e seus maravilhosos serviços, mas eu ouvia os locutores só para sentir o ritmo do português e para aprender vocabulário. Como a comunidade era muito religiosa a estação transmitia missa católica em português, no mesmo horário todos os dias. Eu não sou católica e não estava interessada em aprender o "Pai Nosso" em português, mas ouvia de qualquer maneira. As músicas, velhas canções de pescadores portugueses e melodias folclóricas, não eram os estilos de música que eu gosto de ouvir. Eu amava os fados melancólicos, mas eles raramente eram tocados. Não importava. Eu estava presa no meu carro e tinha a opção de ouvir as notícias e música em inglês ou aprender mais portu-

guês. Eu escolhia a segunda opção. A estação de rádio, muitas vezes, mandava ao ar notícias diretamente do serviço nacional de notícias de Portugal dando-me notícias sobre os países do mundo que falam português. O resultado foi que, apesar de ter tido poucas oportunidades de falar português, eu estava aprendendo passivamente havia anos.

Na verdade, eu pensei que eu falava português como Tarzan, porque eu tinha aprendido na maior parte do tempo sozinha, tendo apenas duas aulas básicas na escola de adultos. Em 2006, quando morava em Nova York, minha companheira de quarto, uma brasileira chamada Carla, convidou Silvia, sua amiga do Brasil, para visitar-nos durante o Natal. Silvia mal falava inglês. Eu tive que falar em português, mesmo estando envergonhada do que eu julgava ser meu jeito "neandertal" de falar o idioma. Para a minha surpresa e a de todos os outros as palavras sofisticadas e frases longas saíram da minha boca com facilidade. Carla e Silvia comentaram que a minha pronúncia soava como o sotaque de Portugal.

Assim, descobri que eu sabia muito mais português do que eu pensava. Todos esses anos escutando canções de pescadores e missas católicas valeram a pena. Falei português! Eu reforcei o vocabulário e as regras de estrutura de frases que eu havia aprendido apenas por ouvir rádio. A música estava dentro de mim por anos. E você pode criar suas próprias sinfonias também. Basta ouvir!

(Agora meu sotaque é uma mistura do sotaque brasileiro e o sotaque do português europeu, porque eu viajei para o Brasil e falei com os brasileiros.)

Gire o botão do rádio em diferentes momentos do dia para procurar estações. Algumas delas não podem ter 24 horas de programação, pois elas compartilham as frequências com outras estações de rádio de pequeno porte. Se você estiver nos EUA use as Páginas Amarelas e olhe em "estações de rádio." As estações de língua estrangeira normalmente especificam o seu idioma no título.

Vá para o diretório de estações de rádio do Yahoo.

Procure as estações de rádio em sua área, verificando o idioma que você está aprendendo. É melhor procurar por regiões, ao invés de sua cidade. Pode haver uma estação de rádio em outra cidade próxima, que transmita no idioma que você quer. Se você olhar apenas para as emissoras de rádio em sua cidade, vai limitar as opções de escuta.

http://dir.yahoo.com/News_and_Media/Radio/By_Region

31. Ouça estações de rádio na Internet

Você pode ouvir estações de rádio em seu computador, enquanto estiver no trabalho ou em casa. Você pode baixar programas e podcasts como arquivos MP3 e mantê-los em seu computador, para ouvir mais tarde, ou fazer o download para o seu aparelho de MP3. Há mais variedades de emissoras disponíveis on-line do que na rádio local.

Bônus extra: Quando você escuta notícias de diferentes partes do mundo, você tem uma nova perspectiva sobre os acontecimentos atuais e aprende sobre lugares dos quais você talvez nunca tenha ouvido falar. Há conversas, música, notícias, política, esportes e shows de comédia e muitos outros tipos de programação no rádio que podem atender o interesse de qualquer pessoa. Por exemplo, vamos dizer que você goste de aprender sobre carros. Pode ouvir sobre mostras de carro em outro idioma, ou pode obter novas ideias de como consertar seu próprio carro e aprender novas palavras! Os seguintes diretórios têm estações de rádio por idioma e país. Procure por estações de rádio de seu interesse nestes diretórios. Tente um pouco e veja quais os que têm programas que você gosta. Ouça as estações enquanto trabalha em seu computador ou apenas use-as como música de fundo.

Por Idioma:
http://www.worldtvradio.com/php/radio_channel_language_lineup.php

Por País:
http://www.radios.com.br/cnt/radios_internacionais

http://www.worldtvradio.com/php/radio_Online_channel_lineup.php

Seção 5: Televisão como lição de casa

Assista a TV e aprenda a falar

32. Assista a programas de televisão na língua-alvo

Esta pode ser a primeira vez em sua vida em que ver televisão é a sua lição de casa. Aproveite a oportunidade! Vamos dizer que você está aprendendo espanhol. Você encontrou um canal de televisão em espanhol ou você está assistindo ao canal nacional de notícias do México, Televisa. Mesmo sem saber todas as palavras você será capaz de obter a essência de algumas das reportagens. As imagens e vídeos de eventos já dizem o que os locutores de notícias estão falando. Preste atenção na maneira como eles estão falando e nas palavras que eles estão usando para descrever as imagens na tela. Mesmo que você não possa assistir a TV o tempo todo você pode fazer coisas em casa enquanto ouve TV, ou seja, pense na TV como música de fundo como você ouviria em um café ou restaurante. Mesmo que ela não esteja na linha de frente da sua consciência seu cérebro ainda está processando e se acostumando com o fluxo do idioma. Lembre-se, nós ouvimos antes de falar.

Bônus extra: Não só você será capaz de aprender como soa o idioma, mas também estará exposto a notícias que você não poderia ver em seu noticiário da televisão local ou nacional. Se você estiver aprendendo mandarim e encontrar uma estação de notícias em sua cidade, pode aprender muito sobre a comunidade chinesa de um modo que você nunca viu relatado em notícias do canal de TV com maior audiência. Dessa maneira, você se informará sobre o que está acontecendo em lugares onde o idioma é falado. É bem possível que o noticiário italiano tenha mais informações sobre outros países europeus do que um canal de notícias nos Estados Unidos ou em Taiwan. Assim, mantenha sua mente aberta. Você não está apenas aprendendo um idioma, mas uma outra visão de mundo. Verifique se seus canais locais possuem programas em idiomas estrangeiros. Se você possui TV a cabo ou via satélite você terá, provavelmente, mais opções de programas em idiomas estrangeiros.

33. Grave, repita e copie

Grave os programas de língua estrangeira que você está assistindo na TV. Reveja-os e ouça atentamente o conteúdo. Sente-se e escreva o que as pessoas estão dizendo. Use um dicionário, se necessário. Você pode ter que ver novamente um programa até 20 vezes antes de compreender o que os locutores ou atores estão dizendo. Não importa quantas vezes você tenha que repetir. Quanto mais você ouvir as frases, mais fácil será para você entender o que dizem. Os músicos normalmente praticam certas canções até que as aprendam direito. Eles, repetidamente, ouvem as gravações da música para que possam aprender uma outra técnica musical. Pense em você como um principiante no estudo de música. Pode ficar frustrado no começo, mas vai ser recompensado mais tarde, quando você entender as cenas de TV ou locutores de notícias sem ter que voltar e rever muitas vezes.

34. Ver a TV via Internet
Com tantas estações de televisão fornecendo conteúdo ao vivo e gratuito na internet você não tem que pagar caro por uma antena parabólica para colocar em sua varanda e ouvir árabe através da Al Jazeera. Pode fazê-lo online. Muitos sites permitem que você veja conteúdo gratuitamente.

Sugestões para encontrar programas de televisão de diferentes países na Internet:

Por Idioma:
www.worldtvradio.com/php/TV_channel_language_lineup.php

Por País:
http://dir.yahoo.com/News_and_Media/Television/By_Region/Countries

www.worldtvradio.com/php/TV_channel_country_lineup.php
www.wwitv.com

http://www.legendasbr.com.br
(com opções limitadas)

Por Região:
http://dir.yahoo.com/News_and_Media/Television
http://www.google.com/Top/Arts/Television/Regional

Seção 6: Filmes para a fluência

Aprenda com as estrelas!

Antes da televisão e da Internet as pessoas aprendiam sobre outros países e culturas, principalmente, através da indústria cinematográfica. Filmes estrangeiros mostram como as pessoas se comunicam e atuam em outros países. Por meio do cinema você pode aprender idiomas, maneirismos, gestos, nuances culturais, bem como outros elementos da cultura e da tradição que você nunca poderia aprender com um livro. Filmes mais sofisticados podem fazer jogos de palavras sutis e conter mensagens políticas que você pode não entender, sendo um estudante de idiomas iniciante. Tente começar com filmes simples e populares quando você estiver começando.

35. Encontre a versão original dos filmes em seu idioma-alvo

Nunca assista a filmes dublados no seu idioma-alvo!

Assistir a filmes dublados é um pecado capital quando se trata de aprender idiomas. Você perde a maior parte da experiência cultural quando você assiste à um filme dublado.

Quando eu vivia na Europa me perguntava por que os escandinavos e holandeses tinham esses sotaques bons em inglês, enquanto os italianos, franceses e espanhóis eram conhecidos por seus sotaques carregados. Os europeus do norte começam a aprender inglês mais cedo do que os franceses, espanhóis e italianos. Mas não é apenas o seu início precoce que dá aos europeus do norte a sua pronúncia maravilhosa. Embora seus professores não sejam falantes nativos de inglês os escandinavos assistem a muitos programas de televisão e a filmes em inglês em suas salas de cinema. No entanto, os europeus do norte deixam a trilha sonora no idioma original e apenas adicionam legendas em seus respectivos idiomas. Os franceses, espanhóis e italianos veem atores de língua inglesa falarem em vozes dubladas em seus idiomas nacionais. Eles estão aprendendo inglês no isolamento dos sons de falantes nativos. Isso é como aprender um idioma no vácuo, o que é muito difícil. Você pode deixar que o mundo entre em sua casa assistindo à versões originais de filmes e ouvindo como as pessoas realmente falam. Fique longe de filmes dublados e de programas de TV dublados! Um filme que possui mais conversa e nenhum movimento pode ser difícil de entender. Os filmes cheios de ação, tipo *Indiana Jones*, são muito mais fáceis de entender do que *Hiroshima Mon Amour*, com as suas cenas longas de apenas duas pessoas conversando. Comédias podem ter um monte de piadas que serão difíceis de entender. Humor não costuma ser fácil de traduzir! Você pode alugar filmes estrangeiros. Procure por organizações culturais em seu bairro. Elas podem ter suas próprias bibliotecas com filmes de seus países de origem.

Esses sites têm uma grande variedade de filmes internacionais:

Netflix: http://netflix.com.br

Blockbuster:
http://www.blockbusteronline.com.br

Filmes Online Grátis:
http://www.filmesonlinegrátis.net

BBFilmes: http://www.bbfilmes.tv

Se você quiser apenas assistir a algumas cenas de filmes, pode procurar no You Tube e Vimeo. Basta digitar o nome do filme e algumas palavras relacionadas com a cena que você quer ver: www.youtube.com, www.vimeo.com

Digite "subtitles" ou "captions" em inglês ou no idioma que deseja aprender para achar filmes legendados.

36. Ver mídia internacional com legendas em vários idiomas

O uso de legendas enquanto vê televisão e filmes, especialmente programação autêntica, é extremamente útil para melhorar as habilidades num idioma. ViKi é um site mantido por voluntários que tem programas originais de televisão e filmes de todo o mundo e acrescenta legendas em vários idiomas. Os usuários podem escolher quais os idiomas que eles gostariam de ver nos vídeos, adicionar legendas, inclusive no idioma original, bem como participar de discussões culturais e linguísticas sobre o programa. Uso de ViKi é gratuito.

www.viki.net

37. Assista e divirta-se!

Se você tiver um leitor de DVD, vá para as opções do menu, coloque as legendas no seu idioma e deixe o áudio no idioma original. Relaxe, sente-se e então é só ver o filme e apreciar. Ouça as inflexões das vozes das pessoas e como elas se comunicam. Mesmo que você não possa se concentrar nas legendas, porque você está se concentrando nas conversas e ações, tudo bem. O ponto mais importante é se concentrar em como as pessoas estão falando, gesticulando e agindo. Você sempre pode voltar e ver as cenas de novo.

Uma vez que você conseguiu entender o conteúdo geral do filme pelos gestos, ações e sons você vai estar muito mais motivado para aprender o idioma, porque vai se sentir mais confiante em si mesmo e você poderá se concentrar mais em ouvir as conversas e prestar atenção na pronúncia.

Se você tem amigos ou familiares que também estudam a mesma língua, organize um evento social pra ver um filme na sua casa para que vocês aprendam juntos. Podem ver uma cena do filme, achar o roteiro e interpretar a cena em casa, depois de vê-la. Desse jeito, vocês tentam copiar os atores, os gestos, a pronúncia e a entonação. Toda a família pode participar, inclusive as crianças. Não se deve subestimar o quanto as crianças podem entender sem haver estudado o idioma. Meus amigos brasileiros me emprestaram o DVD do filme brasileiro, *Dois filhos de Francisco*.

Meus sobrinhos de oito e seis anos assistiram ao filme comigo. Eles não sabiam nada de português, mas sabiam um pouco de espanhol. Não conseguiram ler todas as legendas em inglês porque, às vezes, a legenda mudava muito rápido. Eu parei o filme varias vezes para me assegurar de que eles estavam entendendo o filme, pedindo que me falassem o que aconteceu, e eles me disseram: "Tia, quero ver o filme, não tem que parar o filme para me explicar! Deixei o filme passar sem interromper!". *Dois filhos de Francisco*, além de ser ótimo, é muito bom para alguém que estuda português, porque é lento, não tem conversas muito rápidas e nem usa muito gíria. As ações são muito fáceis de entender.

38. Feliz? Triste? Paquerando?

Preste atenção em como soam as palavras quando as pessoas falam, em como elas expressam emoção. Você pode dizer, a partir do som da voz, como se sentem? Será que o som da voz é leve quando estão eufóricos? Como eles flertam? O que pode parecer para você, em seu idioma, como uma coisa com raiva, pode ser uma forma normal de se comunicar em outro idioma. Assim como a música transmite emoção pela velocidade, pelos tons mais altos e mais baixos e o peso ou a leveza dos sons, o mesmo ocorre com os nossos modos de falar. Você precisa aprender as palavras para expressar seus sentimentos em seu idioma-alvo, mas também precisa saber como transmitir sua mensagem utilizando, conscientemente, o som e o ritmo de suas frases. Para nativos é mais fácil compreender a mensagem se suas palavras e melodia contiverem harmonia. Se você está feliz com alguma coisa, mas se expressa em um tom que soa irritado, seus interlocutores não necessariamente saberão que você está animado. Eles podem até pensar que você está chateado com eles. O fato é que mal-entendidos surgem não apenas de palavras, mas também através da forma como se fala.

 *História pessoal*

Tenha cuidado e observe a maneira como seus sentimentos podem construir uma ideia equivocada em um idioma, devido ao mau uso de inflexão das palavras nesta língua. Por exemplo: ao ouvir falantes de francês muitas vezes eu acho que eles estão reclamando por causa de seus gestos faciais e tom de voz. Embora os franceses não sejam tímidos em expressar sua insatisfação, eu, muitas vezes, interpretei sua forma normal de falar como sendo um lamento constante.

39. Assista a filmes no idioma original sem legendas
Depois de um tempo, ignore as legendas. Mantenha o foco nas ações dos personagens e no som do idioma. Se você tiver um leitor de DVD, vá para opções de menu e desative as legendas. Se você estiver usando um vídeo cassete, cubra as legendas com um pedaço de papel ou fita adesiva na parte inferior da tela da TV e ver o filme sem as legendas. Veja como você pode entender grande parte do filme apenas ouvindo as palavras, prestando atenção ao contexto e imagens e desligue a sua mente da leitura. Use sua intuição para entender palavras desconhecidas. Ouça, mesmo que você não entenda! Palavras importantes serão repetidas durante todo o filme. Se o filme é sobre um acidente de trem, você vai ouvir palavras relacionadas aos trens, aos passageiros, condutores e ferroviários. Quanto mais você ouve, mais apto estará para reter as palavras. Quando somos novatos e sabemos poucas palavras, pensamos que não podemos entender um filme estrangeiro sem ler as legendas. Mesmo quando somos incapazes de manter uma conversa ou entender frases complexas, ainda assim podemos aprender com sinais não verbais, tais como olhares, gestos, movimentos oculares, cruzada de mãos e assim por diante. Continue ouvindo e mantendo os olhos atentos para pegar as pistas visuais que as personagens transmitem. Elas estão de pé longe umas das outras? Cruzando as mãos? Olhando para os seus sapatos, em vez de olhar para a pessoa diante deles? Pense no que a linguagem corporal está comunicando.

40. Assista a filmes sem legendas, depois estude o roteiro do filme

Quando você tiver treinado para assistir a filmes sem legendas, você será capaz de acompanhar as ações e conversas para entender pelo menos um pouco do que está acontecendo. Leia o roteiro para obter a história completa. Existem diferentes formas de fazer isto. Leia uma primeira cena, traduza as palavras que você não entende e, em seguida, ver novamente a cena. Ou você pode fazê-lo em sentido inverso. Ver à uma cena sem legendas, escreva o que você pensa ser o sentido das conversas e ações, em seguida, leia o roteiro e procure as palavras e frases que você não conheça. Consulte as páginas seguintes para os recursos dos roteiros de filmes.

Roteiros de filmes de língua não inglesa:
http://simplyscripts.com/non_english_scripts.html
http://programaplanogeral.wordpress.com/roteiros-e-leitura-especializada

Sites com roteiros de filmes:
www.iscriptdb.com
www.sfy.ru
http://simplyscripts.com/movie.html
www.script-o-rama.com/snazzy/dircut.html
www.screenplays-online.de
www.movie-page.com/movie_scripts.htm

Se você não conseguir encontrar o filme que você está procurando nesses sites, digite o nome dele e a palavra para "roteiro" ou "roteiro de filme", no idioma do filme, em seu navegador. Por exemplo, se você está procurando um roteiro para um filme francês, vai ser mais fácil de encontrá-lo em site de busca francês como www.google.fr ou www.yahoo.fr. Digite o nome do filme que você deseja e a palavra francesa correspondente a roteiro, *scénario*.

41. Ouça, não assista

Assista à cena do filme em sua televisão com os olhos fechados. Relaxe e ouça as palavras. Quando você não vê as imagens para mostrar o que está acontecendo no filme, você terá de se concentrar no que dizem e como as pessoas falam. Esse é um bom exercício de compreensão auditiva. Provavelmente vai ter que voltar várias vezes. Ouça a cena repetidamente e escreva o que você entende.

Se você está no seu computador, você também pode ouvir clipes de áudio de filmes nesses sites:
www.wavcentral.commovies.htm
www.moviesounds.com
www.wavcentral.com

 *História pessoal*

Quando eu ensinava inglês para profissionais na Argentina a escola para a qual eu trabalhava me deu fitas cassetes com cenas de dois filmes americanos, As Good As It Gets e When Harry Met Sally. Sentei-me com os meus alunos e ouvi as cenas desses filmes. Eu testei o quanto eles entenderam. Percebi como era difícil de compreender Billy Crystal em When Harry Met Sally. Tivemos de voltar muitas cenas para os meus alunos apreenderem o contexto das conversas. O exercício foi importante para melhorar a compreensão auditiva, sem pistas visuais.

42. Ouça, assista, escreva

Assista às cenas sem as legendas. Se você tiver duas entradas de áudio e vídeo, compreenderá melhor os diálogos. Como no exercício anterior, escreva e preste atenção no que você entendeu quando estava assistindo às cenas sem legendas e se familiarizando com a conversa.

43. Ouça, veja, leia, escreva

Veja as cenas novamente com legendas. Existe alguma coisa que você não entendeu completamente quando você só ouviu o filme ou quando o assistiu sem legendas? Compare sua compreensão das cenas com as legendas e depois sem as legendas. Você pode medir seu progresso com este exercício. Se você fizer isso regularmente, com diversas cenas de filmes, você vai entender mais e mais o áudio do filme, sem a necessidade de consultar as legendas.

44. Cartões de memória

Tal como acontece com as letras de música, você tem que reforçar visualmente o que aprende: ouvindo e observando. Escreva suas novas palavras de vocabulário dos filmes que está assistindo em cartões de memória ou pedaços de papel. Em um lado escreva a palavra em seu idioma e no outro escreva-a na língua que está apreendendo. Durante o dia, quando você estiver esperando em alguma fila, em algum lugar, ou andando em algum transporte público, retire os cartões de memória e estude suas palavras novas. Estudar o seu vocabulário com cartões de memória vai ajudar você a aprender rapidamente novas palavras e a se divertir ao longo do caminho. Pode também fazer cartões eletrônicos com Anki o Quizlet (como explicado no número 21).

Seção 7: Seja parte da sinfonia

Fale com outras pessoas em seu idioma-alvo

45. Intercâmbio linguístico em pessoa

Uma vez que você se acostumar com o som de seu novo idioma terá necessidade de praticá-lo e falar com um falante nativo. Faça um intercâmbio linguístico. Reúna-se com um falante nativo do idioma que você está estudando e que quer falar e praticar seu idioma. Geralmente você gasta a metade do tempo falando em seu idioma e metade do tempo no idioma da outra pessoa. É bom conhecer uma pessoa nativa do país de seu idioma alvo para uma conversa frente a frente. Você pode treinar durante uma hora por semana e falar por 30 minutos em seu idioma e 30 minutos no idioma da outra pessoa ou você pode alterar dias. Ao conversar com outra pessoa você vai aprender sobre a cultura e a gastronomia dela. Cozinhe pratos típicos do seu país para o outro ou dê uma aula de culinária. Torne tudo divertido! Encontrar um falante nativo é a melhor maneira de aprender a linguagem corporal e sinais não verbais. Comunicar-se em um idioma diferente não se resume às palavras que falamos, mas também à linguagem corporal, às expressões faciais, à postura e à distância física que se guarda entre você e a outra pessoa com quem se está falando. Eu fiz intercâmbios linguísticos em vários idiomas, o que tem sido uma ótima maneira de falar com um falante nativo, aprender expressões idiomáticas e gírias, além de ter alguém para me corrigir na gramática e na pronúncia. Se você mora perto de uma universidade entre em contato com o setor responsável pelo ingresso de estudantes estrangeiros para perguntar como você pode encontrar um falante nativo e fazer um intercâmbio linguístico. Muitas faculdades têm um mural onde você pode deixar um aviso sobre o intercâmbio. Eles também podem ter um site onde você pode fazer a mesma coisa.

Se houver em sua cidade grupos de imigrantes ou refugiados que falam o idioma que deseja aprender entre em contato com a agência de reassentamento de refugiados e de imigrantes e pergunte se você pode deixar um aviso pedindo um parceiro de troca de idioma. Se o imigrante ou grupos de refugiados vivem

em uma parte específica da cidade, vá lá e deixe panfletos propondo um intercâmbio linguístico nas bibliotecas, lavanderias, cafés ou outros locais que a comunidade frequenta. Se você se encontrar com alguém que chegou recentemente ao seu país lembre-se de que eles podem estar vivendo com um orçamento pequeno e podem estar traumatizados. Não organize encontros em restaurantes que eles podem não ser capazes de pagar. Eles podem se sentir desconfortáveis. Reúna-se em suas casas, em um parque ou numa biblioteca.

Encontre na internet sites com parceiros para praticar idiomas. Você pode navegar pelas postagens de pessoas à procura de parceiros de troca de idioma, ou postar seu próprio pedido.

Intercâmbio linguístico: Você pode localizar um parceiro de conversa em sua área no site. www.conversationexchange.com

46. Procure por grupos de interesse ou atividades em sua área

Se você é um estudante, trabalhador, imigrante, refugiado ou visitante em um país estrangeiro e quer melhorar suas habilidades no idioma você deve encontrar-se com falantes nativos. Você gosta de jogar futebol, dançar, ver filmes, bordar, fazer arranjos de flores, caminhada ou tem algum outro hobby? Procure grupos e atividades que poderiam interessar a você, assim você pode conhecer pessoas locais que têm interesses semelhantes. É uma ótima maneira de fazer amigos. Você também pode ser voluntário na comunidade.

Na internet procure por eventos, atividades, voluntariado, passeios, atividades profissionais, grupos, músicos, políticos, artistas e outras categorias. Navegue através destas seções e procure pessoas, eventos e grupos que lhe interessam. **www.craigslist.org**
(Esse site é mais usado nos Estados Unidos e Europa.)

Encontre grupos sociais e atividades no Meet Up para reunir-se em sua área geográfica. Digite o seu estado e código postal e veja que tipo de grupos existe na sua área. Se não houver uma que lhe interesse é só começar uma e organizar um evento.
www.meetup.com

47. Conversações através da Internet

Além de seu parceiro linguístico em seu bairro você pode ter um amigo para conversações online. Se você mora em uma área afastada ou em um lugar que não tem estrangeiros ou imigrantes que falam o seu idioma de escolha você ainda pode praticar com um falante nativo real, gratuitamente, na Internet. No início pode ser difícil de entender a outra pessoa por causa de problemas com a qualidade de som e a ausência de linguagem corporal. Lembre-se de falar devagar e claramente. Se a outra pessoa estiver falando muito rápido peça para falar mais devagar. Os serviços abaixo são, principalmente, sites gratuitos onde você pode encontrar um parceiro para intercâmbio linguístico com quem você pode comunicar-se por um chat de texto, voz ou vídeo. Muitos desses sites possuem fóruns de aprendizagem onde você pode interagir com pessoas de seu idioma que estão aprendendo o mesmo idioma estrangeiro. Você pode ajudar o outro em seu processo de aprendizagem. Alguns dos sites têm tutoriais on-line e downloads gratuitos de materiais educativos.

Na pagina de Bate Papo de UOL Brasil você pode buscar um grupo de bate-papo online por idioma.

http://batepapo.uol.com.br

Outros sites:
www.mylanguageexchange.com
www.sharedtalk.com
www.xlingo.com
www.conversationexchange.com
www.ringuage.com (para uma taxa).
www.babbley.com (para mandarim e inglês).
www.lingozone.com
www.language-buddy.com
www.livemocha.com
www.languageexchanges.org Isto também é chamado Mixer. Fale com o seu amigo online via Skype (sistema de protocolo de Internet de voz que lhe permite falar de graça com outros usuários do Skype).
www.friendsabroad.com
www.polyglot-learn-language.com
www.penpalnet.com
www.slf.ruhr-uni-bochum.de
www.italki.com
www.speakmania.com
www.huitalk.com

48. Eventos culturais

Antes de comprar uma passagem para ir ao exterior você pode experimentar culturas, comida e idiomas estrangeiros existentes nas proximidades. Você não tem que ir para o Japão para aprender sobre a Festa das Cerejeiras (Sakura). Participe de uma festa perto de sua casa. O idioma que você está estudando estará vivo em eventos culturais. Você não vai apenas ouvir falantes nativos conversando, mas você vai ter a oportunidade de interagir com as pessoas e praticar suas habilidades. Normalmente as pessoas estão abertas a ajudar estudantes de idiomas que estão tentando aprender o idioma delas. Tais pessoas podem ficar muito lisonjeados pelo fato de você estar interessado em sua cultura e língua. Se você estiver estudando um idioma asiático tenha em mente que muitas culturas do leste asiático celebram o Ano Novo Lunar em algum momento de fevereiro. Os desfiles e eventos culturais para o Ano Novo Lunar são oportunidades maravilhosos para praticar seu mandarim, vietnamita ou outros idiomas asiáticos. Descubra se em sua cidade existe uma organização cultural que representa o idioma que você está aprendendo. A equipe de funcionários ou voluntários poderá ser capaz de ajudá-lo a encontrar alguém com quem praticar o idioma. Ligue para o consulado ou embaixada do país de seu idioma alvo e pergunte sobre os centros culturais em sua cidade. O site da embaixada ou consulado pode até ter links para recursos culturais e de idioma.

Por exemplo, no Brasil existem vários centros culturais japoneses:
Aliança Cultural Brasil:
http://www.acbj.com.br
Fundação Japão: http://fjsp.org.br

Uma listagem de todas as embaixadas do mundo: www.embassyworld.com

Os governos dos Estados Unidos, França, Inglaterra, Alemanha e outros países têm centros culturais onde você pode procurar livros, música, filmes e outros materiais. Eles também organizam eventos culturais, filmes, festas e eventos.

American Corners (Estados Unidos):
http://portuguese.brazil.usembassy.gov/pt/acfortaleza.html
British Council (Reino Unido):
http://www.britishcouncil.org/brasil.htm
Alliance Française (França):
http://www.aliancafrancesabrasil.com.br
Goethe Institut (Alemanha):
http://www.goethe.de/ins/br/lp/ptindex.htm

Se você estiver em outro país só tem que digitar o nome do centro cultural que quer achar e o nome do seu país na pesquisa na Internet.

Outros governos também têm centros culturais, facilmente encontrados no site da embaixada do país procurado.

49. Encontre grupos locais de conversação de idiomas

Uma vez que você já for capaz de manter uma conversação em um idioma estrangeiro você poderá incrementar sua experiência de parceiro de conversa, aderindo a um grupo de conversação de idiomas. Nestes grupos ambos, falantes nativos e aqueles que estão aprendendo o idioma, se encontram para falar com regularidade. Essa é uma ótima maneira de conhecer falantes nativos e ouvi-los falar uns com os outros. Eu não sugiro unir-se a um desses grupos se você ainda não aprendeu o básico do idioma. Ficar em torno de muitos falantes fluentes que estão falando rapidamente pode frustrá-lo. Espere até você conseguir pelo menos um nível no idioma para poder manter uma conversa. Se você estiver nos Estados Unidos procure World Affairs Council (WAC) e veja se há um grupo de idioma adequado. Pode achar grupos de conversação nos centros culturais.

O WAC organiza jantares mensais de idiomas em diferentes línguas: www.worldaffairscouncils.org

Procure grupos culturais ou idioma na Seção Comunidade Craigslist para a sua área geográfica: www.craigslist.org

Meetup: Este site é um lugar para as pessoas iniciarem seus próprios clubes e grupos sociais relacionados com qualquer que seja a sua área de interesse. Se ainda não houver um grupo do idioma finlandês em sua área e você está estudando esse idioma você pode começar seu próprio grupo e ver quem na sua área vai acompanhá-lo. www.meetup.com

Contate o departamento de língua estrangeira de sua faculdade ou universidade. Ele pode ter uma lista de recursos para pessoas que querem praticar idiomas. Você pode fazer parte do clube de francês da universidade ou do clube de outro idioma.

50. Mude de idiomas com seus amigos

Se você tem amigos que estão aprendendo o mesmo idioma que você mude suas conversas para seu novo idioma. Pode parecer estranho no começo ou até mesmo engraçado, mas vai adicionar tempero as suas interações. Vocês podem escrever e-mails uns para os outros no novo idioma. Use o dicionário para procurar palavras que você não conhece. Evite o uso de seu idioma nativo, tanto quanto possível, a menos que existam termos técnicos ou expressões idiomáticas para os quais você não possa encontrar tradução.

51. Mantenha um blog em seu novo idioma

Se você já mantém um diário online ou blog você pode adicionar entradas em seu novo idioma ou abrir um blog totalmente novo no qual você só vai escrever no novo idioma. Você pode conhecer novos leitores desta maneira. Por exemplo, um blogueiro japonês escreve um blog em japonês sobre filmes de terror e queria construir o seu público, bem como conectar-se com outros blogueiros que escrevem sobre o mesmo tema. O japonês estudou português por vários anos, então escreve e entende o idioma em um nível avançado. Por acidente, ele encontrou um blog popular, em português do Brasil, que é focado em filmes de terror, que ele gosta. Ele decidiu publicar seus novos posts em japonês e português, assim aumentou seu público. Agora tem a oportunidade de se relacionar com os entusiastas de filmes de terror em português, bem como em japonês.

O site **www.livejournal.com** possui blogs em idiomas diferentes. Por exemplo, você pode ver um blog em russo e ler outros blogueiros russos em sua área geográfica ou em todo o mundo.

52. Crie um perfil de rede social em diferentes idiomas

Você tem um perfil no MySpace, Facebook, Reunir, Ning, Orkut ou outras redes sociais? Que tal criar um em seu novo idioma? Ou se você já tem um você pode participar de grupos relacionados a seu idioma, interesses e experiência. No Facebook há grupos de pessoas que estudaram em liceus franceses (ensino médio), para aqueles que estudam suaíli, e muitos outros grupos de língua ou centrados em cultura. Você pode conhecer pessoas com os mesmos interesses, que falam ou estudam o idioma que você está aprendendo. Se você está aprendendo hindi, considere juntar-se ao Orkut. É um site de rede social que é muito popular na Índia.

Facebook **www.facebook.com**
Reúna **www.gather.com**
MySpace **www.myspace.com**
Orkut **www.orkut.com**

53. Faça parte de um grupo de Internet em seu novo idioma

Talvez você não goste de um perfil público, mas ainda queira interagir com as pessoas que falam o seu novo idioma ou você gostaria de adicionar suas experiências em redes sociais. Participe de um grupo do Yahoo ou Google para seu idioma-alvo. Ambos os sites têm grupos de pessoas interessadas em língua estrangeira. Se você está interessado em paraquedismo procure um grupo de amantes de paraquedismo em seu novo idioma. Você pode pesquisar por idioma, grupos étnicos, culturais ou regionais.

Vá a estes sites e navegue através de diferentes categorias ou apenas digite um termo de pesquisa para o seu idioma ou região de escolha:
http://br.groups.yahoo.com
http://br.dir.groups.yahoo.com/dir/2086117197 (Grupos por países)
http://groups.yahoo.com
http://groups.google.com/groups/dir

54. Converse

Participe de a uma sala de chat em norueguês, encontre grupos de chat em indonésio. A lista é interminável. Pratique suas habilidades de língua escrita nos bate-papos com as pessoas na Internet. Pode ser que necessite baixar um programa de chat para o seu computador. Você pode encontrar grupos de bate-papo por idioma e tópico.

ICQ http://chat.icq.com/icqchat/index.php?cat_id=14
Discussão via Chat http://chat.paltalk.com

Seção 8: Dia a dia

Exercícios para enraizar o idioma
em sua memória e ritmos diários

Se você estiver aprendendo a tocar um instrumento é provável que seu professor te aconselhe a praticar todos os dias. A língua é um músculo que precisa ser exercitado regularmente. Ao incorporar esses pequenos exercícios básicos em sua vida diária você vai notar o quanto mais fácil será para recordar palavras e tê-las fluindo de sua boca.

55. Ouça CDs de aprendizagem de línguas

Para reforçar as lições de gramática em seu livro de língua ouça CDs de idioma em casa, em seu carro, no seu CD ou MP3 player ou durante a ginástica. Você pode ouvir lições de vocabulário e conversas repetidas em seus CDs, você vai ver que será capaz de entender mais e mais. Isso não significa que você pode aprender todos os tempos verbais do francês apenas lavando os pratos e ouvindo a mesma lição durante toda a semana, mas este formato de áudio é uma adição maravilhosa para estudar gramática com um livro.

56. Aprenda idiomas pela Internet

Há muitos sites com aulas online grátis e pagas. Você precisa avaliar qual site é melhor pra você.

Alemão: Uma telenovela alemã? Sim é possível aprender alemão com uma telenovela pedagógica, feita pelo canal Deutsche Welle. Não é o estilo brasileiro!: http://www.dw.de/deutsch-lernen/telenovela/s-13121

Espanhol: Curso de espanhol on-line:
http://www.espanholgratis.net

Esperanto: Curso em português para aprender esperanto: http://pt.lernu.net

Francês: Bonjour de France é uma "cyber-revista" educativa e gratuita contendo exercícios, testes e jogos para aprender:
http://www.bonjourdefrance.com.br/aprenda-frances-online

Inglês: Com DuoLingo os falantes de português podem aprender inglês de maneira gratuita, traduzindo documentos reais enquanto aprende. Alguém que precisa traduzir uma página da internet envia o conteúdo para o Duolingo. Esse conteúdo é então colocado à disposição dos alunos do Duolingo, que fazem a tradução para praticar o idioma que estão aprendendo. Quando o documento estiver completamente traduzido Duolingo devolve o conteúdo ao seu dono original que, por sua vez, dependendo do tipo de documento enviado, paga pela tradução.
http://www.duolingo.com/pt

Curso de inglês grátis:
http://www.cursodeinglesgrátis.org

Mini aula de inglês grátis com a BBC (Reino Unido): **http://educacao.uol.com.br/ingles-bbc**

Um curso de inglês grátis, com áudios, vídeos, exercícios online, auxílio de professor, várias outras atividades:
http://www.inglescurso.net.br

Japonês: Website grátis com lições de japonês com vídeos, jogos "O Desafio de Erin! Eu Entendo Japonês" de Fundação Japão:
https://www.erin.ne.jp/pt

Russo: Aulas de russo grátis (em inglês):
http://learnrussian.rt.com

Programas para vários idiomas:
Lang 8, grátis, **http://lang-8.com** (Há opção de português.)

Language Guide, grátis, recursos interativos de aprendizagem linguística com som integrado:
http://www.languageguide.org/br

Lingq, de grátis à $40/mês:
http://www.lingq.com/pt

Busuu: grátis, **http://www.busuu.com/pt**

57. Aprenda idiomas com as notícias

Várias empresas oferecem aulas de línguas grátis. Você pode aprender algo da língua enquanto vê as notícias online.

"Learn American English". Inglês dos Estados Unidos com notícias feitas pelo governo dos Estados Unidos:
http://learningenglish.voanews.com

Noticias em inglês britânico da BBC com dicas sobre as palavras mais difíceis, com a transcrição em inglês, português, exercícios e respostas:
http://www.bbc.co.uk/portuguese/topicos/aprenda_ingles

Aprenda alemão com a Deutsche Welle
http://www.dw.de/learn-german/s-2469

58. Aprenda enquanto estiver indo de um lugar ao outro

Você está ocupado e quer aprender mandarim durante sua ida para o trabalho, viajando de ônibus ou à espera de uma consulta médica. Open Language Learning Network criou podcasts de aulas de idioma para espanhol, mandarim, francês, inglês e italiano com os quais você pode ouvir e interagir, através de um MP3 Player/iPod ou telefone celular. Nessas aulas um falante nativo e um aprendiz usam um estilo de conversação voltada para lições diárias de gramática, conversação, costumes sociais, situações da vida real, histórias, anedotas, humor, dispositivos mnemônicos. Os estudantes podem imprimir lições e cartões de memória no site. Há também recursos para que os alunos estudem juntos online. Os estudantes podem escolher quais os temas que mais gostam e personalizar suas aulas. Os podcasts introdutórios são gratuitos e as assinaturas, incluindo aulas e materiais de aprendizagem, começam em US$30 por mês.

http://openlanguage.com (Só em inglês.)

59. Combine tudo isso com vídeo, filme, conversa, e música!

Imergir em seu idioma-alvo é a principal estratégia para se tornar fluente. Combinando meios como cinema, vídeo, música e conversa com exercícios práticos é exatamente o que este livro pretende comunicar. Para agilizar seus esforços em criar um ambiente de imersão por que não usar um site que faz tudo isso para você? O site Yabla criou um conjunto de atividades multimídia usando falantes nativos e materiais autênticos de televisão, filmes e música. Por exemplo, você pode ver um vídeo de música atual com as letras no formato de legendas, tanto no idioma destino como em inglês. A velocidade do áudio pode ser desacelerada ou o áudio deixado em "loop" para a compreensão ser mais fácil. Quando você se sentir confiante na compreensão da música ou do vídeo há também um jogo para testar seus conhecimentos sobre o que foi assistido. Além disso, há diferentes planos de aula e um serviço de cartão de memória. As atividades de demonstração estão disponíveis gratuitamente e com inscrições em torno de US $10 por mês. (O site é só em inglês, espanhol, francês e alemão).

Espanhol para alunos adultos
www.LoMasTv.com
Espanhol em idade escolar
www.spanish.Yabla.com
Francês
www.french.Yabla.com
Inglês
www.english.Yabla.com

60. Converse com você mesmo no idioma-alvo

Sim, isso mesmo! Fale sozinho! Quando seu amigo de intercâmbio linguístico não estiver por perto você pode conversar consigo mesmo enquanto estiver fazendo suas tarefas de casa ou lavando seu carro. Pense em voz alta sobre o que você tem que fazer hoje, diga isso em seu novo idioma. Tente se acostumar a dizer coisas do cotidiano em sua nova língua. Quanto mais você usa o idioma, mais fácil se torna.

61. Faça o balanço do seu talão de cheques contando em seu novo idioma

Mesmo que você não queira ter sua conta bancária na moeda de outro país, você deve se acostumar a contar regularmente no idioma que está estudando. Ao contabilizar seu saldo em ienes japoneses ou em rupias indianas você pode acabar tendo um ataque cardíaco ao ver o seu patrimônio líquido, de repente, encolher, mas não pense na moeda que estiver contando, apenas nos números. Mesmo os imigrantes que tem vivido em um país adotado por mais de 20 anos, muitas vezes, ainda contam em seu idioma nativo. É mais natural contar no idioma nativo. No entanto quando você estiver no exterior e alguém lhe disser um número de telefone muito rapidamente ou um caixa de banco falar sobre as taxas de conversão de moeda, você precisará entender esses números instantaneamente e ser capaz de fazer o seu cálculo mental.

62. Faça a sua lista de tarefas e calendário no idioma-alvo

Aprenda as palavras do seu dia-a-dia em seu idioma-alvo e use-as para que você se mantenha organizado. Você não apenas irá expandir o seu vocabulário diário, mas também vai estar pensando em um outro idioma. Uma vez que você começar a pensar na lavanderia a seco, fazer compras de supermercado, compras de equipamentos, lojas, papelaria, produtos de limpeza, artigos esportivos, equipamentos eletrônicos e outros itens em seu novo idioma você estará, naturalmente, adicionando vocabulário a cada semana. Você está entediado em uma reunião de trabalho e quer escrever sua lista de compras de supermercado, mas você não quer que a pessoa ao lado saiba que você não está fazendo o seu trabalho ou veja o quão saudáveis ou não suas compras são. Então escreva a lista no novo idioma. É menos provável que seja pego!

 História pessoal

Aprendi isso com um colega de trabalho de Taiwan, que escrevia sua lista de afazeres em mandarim, quando estávamos em reuniões de trabalho chatas. Parecia que ele estava tomando notas da reunião. Então, eu fiz a mesma coisa em russo.

63. Etiquete as coisas da sua casa e escritório com notas auto adesivas, utilizando o idioma-alvo

O reconhecimento de palavras relacionadas à casa virá facilmente se você marcar seus pertences com adesivos pequenos ou papel adesivo com as palavras em seu idioma-alvo. Liste tudo em sua casa e escritório no seu idioma. Traduza todas as palavras que você conhece e, em seguida, procure as palavras que você não conhece. Obtenha notas adesivas como post-its ou pequenos pedaços de papel e escreva as palavras no novo idioma. Se você estiver usando pequenos pedaços de papel use fita adesiva para manter os papéis colados nos itens. Mesmo se você tiver duas vassouras e cinco espelhos coloque as etiquetas em todos eles para que você veja constantemente as palavras. E sempre diga o nome do objeto quando olhar para ele.

64. Se você tem um despertador, escolha uma música ou saudação em seu novo idioma

Comece o seu dia com uma música ou um CD do idioma-alvo. Você pode não estar completamente acordado, mas você vai treinar sua mente para se acostumar com o som do novo idioma antes de iniciar as tarefas do dia.

65. Obtenha toques para o seu telefone celular em seu novo idioma

Baixe músicas em línguas estrangeiras como toques para o seu telefone. Você pode ter músicas diferentes para as pessoas que, frequentemente, ligam para o seu celular. Isso pode parecer bobagem, mas a ideia é envolver-se em um novo idioma, tanto quanto possível. Quanto mais você ouvir a música melhor.

Existem muitos sites que vendem toques; esses são apenas alguns exemplos:
http://br.audiko.net
www.ringtonejukebox.com
www.thumbplay.com
www.ringophone.com

66. Leia jornais

Embora este livro se concentre em como aprender idiomas através de formatos de áudio eu não deixo de dar importância à palavra escrita. Eu sou uma escritora que ama ler e escrever. Você precisa ler tanto quanto ouvir. Encontre jornais ou revistas nas bancas, bibliotecas públicas ou online. Leia a notícia, tanto quanto possível. Leitura vai ajudar você a entender o noticiário da TV.

Nos sites a seguir, você encontrará uma relação de jornais de todo o mundo, organizados por país:

http://www.guiademidia.com.br/jornaisinternacionais.htm

www.ipl.org/div/news

http://dir.yahoo.com/News_and_Media/Newspapers/By_Region/Countries

http://www.onlinenewspapers.com/portuguese-index.htm (em português)

67. Agregadores de notícias estrangeiros

Se você usar um serviço de agregação de notícias on-line que coleta feeds RSS de blogs e sites de notícias você pode programá-lo para coletar notícias em um determinado idioma. Quando você seleciona o idioma de sua escolha tenha em mente que todos os itens do menu e da solicitação serão nesse idioma.

http://rss.uol.com.br

68. Leia as mesmas notícias em diferentes línguas

A cultura é uma parte inerente da língua. Ler notícias em um idioma diferente pode revelar perspectivas culturais únicas sobre os acontecimentos mundiais. Procure os temas e notícias no Google

News em seus idiomas preferidos. Ao ler as mesmas notícias em diferentes idiomas você ganha outra oportunidade de praticar suas habilidades, bem como experimentar diferentes pontos de vista de outras culturas.

http://news.google.com.br/news

69. Livros bilíngues/texto paralelo

Apesar de não ser fácil encontrar livros bilíngues alguns editores imprimem livros em dois idiomas. O estilo é chamado de "texto paralelo", pois exibe o texto original e a tradução lado a lado. Até o momento, à parte de livros sobre animais para meninos, não têm livros com texto paralelo em português. Se você já sabe inglês procure por livros com o texto paralelo de seu idioma-alvo com tradução em inglês.

O clube do livro Linguality envia um livro francês ou italiano com um glossário extenso, em inglês, colocado em frente a cada página de texto. Um CD de áudio de 30 a 45 minutos contendo uma conversa com o autor vem em cada livro, com uma cópia inclusa como anexo. www.linguality.com

Penguim Publishing Company tem uma série de livros, New Penguin Parallel Text, com contos em espanhol, italiano, francês e alemão, com traduções em inglês. www.penguin.com

O blog "Guerreiro da Luz", do autor brasileiro Paulo Coelho, tem seus textos em vários idiomas: http://paulocoelhoblog.com/free-texts

Histórias de Verdade. Leia histórias verdadeiras e fatos sobre a vida, a natureza e o universo em textos bilíngues, inglês e português, lado a lado. http://www.stories.org.br

No site TED, encontramos conferências em várias línguas, destinadas à disseminação de ideias. Essas possuem legendas em muitos idiomas.

http://www.ted.com/translate/languages/pt-br

No site Project Syndicate é possível ler artigos e comentários sobre temas políticos e econômicos, com tradução em várias línguas.
http://www.project-syndicate.org

Viajar sem volar:
A revista de American Airlines. Nexos, tem archivos online em espanhol e português.
http://emag-nexosmag.com/archives.htm

Se pode ler a revista Nas Nuvens de TAM em inglês e português online gratís: http://www.tamnasnuvens.com.br/revista/site/

A revista UP da companhia aérea TAP de Portugal tem uma versão em inglês e outra em português. Você tem que apretar o boton EN o PT no canto superior direito:
http://upmagazine-tap.com/en/

70. Seja uma criança

Ter um coração de criança faz quase tudo na vida ficar mais fácil e divertido. Se você tem filhos aprenda um novo idioma junto com eles. Cuidado, eles podem aprender muito mais rápido do que você! Mesmo se você tiver 60 anos de idade, isso não significa que você não possa ver *Sesame Street* em inglês, ou *Plaza Sesamo* em espanhol, no Brasil esse programa se chama *Vila Sésamo*. Por outro lado seu filho pode dizer a palavra "sí" (espanhol para "sim") antes que ele ou ela aprenda a palavra "sim" em português.

A Slangman Productions criou livros e programas de televisão que ajudam as crianças a aprender francês, espanhol, italiano, mandarim, hebraico, alemão e japonês através de contos de fadas. Crianças começam a ler um conto de fadas em inglês e as palavras, então, gradualmente vão mudando para palavras estrangeiras, tornando mais fácil para elas compreenderem o contexto multilíngue. Vídeos divertidos, chamados pelo título, *Hey Wordy* complementam os livros. Em breve, Slangman e *Hey Wordy*, terão livros e vídeos em português. Alguns livros infantis são escritos para as crianças aprenderem um novo idioma ou são escritos em ambos idiomas.
http://www.slangmanpub.com/
http://www.heywordy.com/

Vídeos de *Hey Wordy*: **http://www.youtube.com/user/HeyWordy/videos**

Sesame Street (Vila Sésamo) tem programas em árabe, bengali, mandarim, holandês, alemão, hebraico, russo e espanhol:
www.sesameworkshop.org/aroundtheworld

As empresas a seguir publicam livros para crianças bilíngues:
www.multiculturalkids.com
(Vá na seção de livros e selecione bilíngue.)
http://www.languagelizard.com/Portugueses/2736.htm (Seção com livros em português.)

Petra Língua tem cursos de línguas multimídias on-line, com canções, vídeos de animação, exercícios interativos e desenhos animados (inglês, francês, espanhol, alemão, russo e mandarim):
http://www.petralingua.com/pt/index.php

71. Altere menus

Se você tem um telefone inteligente, iPod ou outro dispositivo eletrônico com menus disponíveis em vários línguas mude o menu para a sua nova língua. Você vai se obrigar a usar seu novo idioma o tempo todo ao manusear seus brinquedos tecnológicos.

Seção 9: Dicas escritas por leitores

De fevereiro a abril de 2009 eu fiz um concurso online. Os leitores foram incentivados a sugerir histórias e dicas de orçamento de viagens. Praxis/OpenLanguage, Travel Document Systems, Kaehler World Traveler, Le Travel Store, CallingCards.com e Adventure Medical Kits patrocinaram o concurso com prêmios. Nesta seção, você pode ler a apresentação dos vencedores do concurso. Obrigado a todos os que participaram!

72. Ao longo de minha vida, estudei espanhol (na escola), alemão (na faculdade), francês (com um professor particular) e italiano (auto-estudo). Estou longe de ser fluente em qualquer um desses idiomas, mas eu viajei para Suíça, França e Itália e fui capaz de fazer com que me compreendessem. Ao estudar francês e italiano eu achei os cursos da Pimsleur muito valiosos. O método é para ouvir e repetir em um ritmo que você acompanha. Não há gramática ou leitura.

Gerald Comisar

www.pimsleur.com

73. Se você levar seus filhos a um país estrangeiro incentive-os a falar o idioma. Antes de viajar para o México com meus filhos eu ensinei algumas palavras e frases espanholas à minha filha de 9 anos de idade. Inicialmente ela era muito tímida para falar. Finalmente, em um certo dia quente, nas ruínas arqueológicas em Tula, quando ela estava com muita sede, eu me recusei a comprar-lhe uma bebida. Em vez disso, dei-lhe o dinheiro e sugeri uma maneira de pedir o que ela queria. Muito a contragosto ela fez isso e voltou com seu refrigerante favorito. Isso quebrou o gelo e ela estava mais relaxada para falar espanhol. Meus quatro filhos são bilíngues, graças às longas viagens que fiz com eles, em ônibus locais no México e na Guatemala. Falamos espanhol entre nós e descobrimos que as pessoas, ansiosamente, conversaram conosco porque não eram os típicos viajantes "Ugly American" (americanos grosseiros e mal-educados). Durante quatro viagens, percorremos 25 mil quilômetros, principalmente para lugares a céu aberto, tais como ruínas arqueológicas em selvas e um vulcão isolado. Um dos meus filhos conheceu amigos nessas viagens e agora, 38 anos depois, ainda está em contato com eles. Quando as filhas gêmeas do meu filho nasceram, ele queria que elas se tornassem fluentes em espanhol. Sua esposa aprendeu junto com as filhas. As meninas estão no ensino médio e são especialistas em espanhol. O que é ainda mais gratificante é que, agora, elas se correspondem em espanhol com os filhos do amigo mexicano do meu filho.

Anita Goldwasser

74. Ouça livros em outros idiomas
Eu sou um falante nativo francês. Quando eu dirigia na ida e volta da Suíça para a Suécia escutei a versão de áudio do livro *Código Da Vinci*, de Dan Brown, em sueco. Tal formato foi perfeito para eu aprender e ouvir o som do idioma. Poderia me concentrar em apenas ouvir o livro e eu tinha uma grande história para ouvir. Eu nunca dirigi por tantas horas tão agradáveis. Os locutores de áudio livros são sempre bem articulados. Leia o livro no novo idioma, ao mesmo tempo que você estiver ouvindo o áudio livro, que terá o mesmo efeito de ter um filme com legendas no idioma novo.

Marc-Aurèle Brothier

75. Flexione os músculos da língua!
Mantenha o que você aprendeu com a prática regular. Quando voltei da Suécia para a Suíça eu não queria esquecer meu sueco. Agora eu estou lendo livros suecos, assistindo notícias suecas e ouvindo rádio em sueco. É como um esporte, pois, se você parar de treinar, perde o que ganhou!

Marc-Aurèle Brothier

76. Mantenha seu cérebro em ação

Meu amigo tradutor sugeriu que as pessoas multilíngues devem alternar os idiomas dos livros que estão lendo. Alternar, tanto quanto possível! Quanto mais você ir de um idioma para outro, mais apta a sua mente estará no processamento dos idiomas.

Marc-Aurèle Brothier

77. Notícias multilíngues

Se você tiver problemas para ler ou ver a notícia no seu idioma-alvo, leia ou assista ao noticiário da manhã em seu idioma materno e, em seguida, leia ou assista ao noticiário da noite no seu idioma-alvo. Você vai estar familiarizado com o conteúdo das reportagens vistas pela manhã, de maneira que será mais fácil de entendê-las em seu novo idioma. Você também vai ver o que ocorreu durante o dia. Quando cheguei em Nova York eu costumava comprar o jornal *Daily News* (em inglês) antes de entrar no metrô, bem como o jornal local russo, *Novoie Russkoie Slovo*. Quando eu tinha tempo, também comprava *Pravda* ou *Izvestia*, os jornais soviéticos. No caminho para o trabalho gostava de ler notícias em inglês e no caminho para casa lia as notícias em russo, cobrindo os mesmos temas. Como eu já tinha lido a notícia em inglês era mais fácil para eu entender o vocabulário em russo. Assim, eu podia facilmente entender as novas palavras, uma vez que entendia seu contexto. Eu melhorava meu vocabulário a cada dia, bem como aprendia o ponto de vista da comunidade russa nos EUA, dos jornais locais, além da posição oficial do governo soviético nos jornais soviéticos.

Miguel Vargas-Caba

78. Sopa de letrinhas

Se você está aprendendo um idioma com um alfabeto diferente, como por exemplo, o alfabeto cirílico, escreva palavras comuns ou a letra de uma música de seu próprio idioma no novo alfabeto. Dessa forma você está forçando-se a usar o novo alfabeto para palavras que você já conhece.

Miguel Vargas-Caba

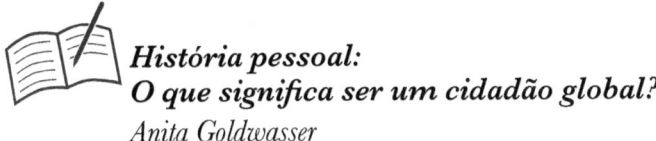 **História pessoal:
O que significa ser um cidadão global?**
Anita Goldwasser

Minha vida mudou depois que meus filhos e eu tivemos nossa primeira aventura no México. Eles queriam coletar insetos na selva, por isso, saímos de Tijuana, de ônibus, com destino a cidade de San Blas, Nayarit. Para chegar ao nosso destino, viajamos em um ônibus de segunda classe, com janelas quebradas. A chuva molhou minha roupa, homens com facões entraram no ônibus (eles trabalhavam em uma plantação de abacaxi). Vimos cenas que me lembravam de fotos da "National Geographic", mostrando mulheres nativas lavando roupas nos córregos. Em San Blas galinhas e cães sarnentos apareceram na minúscula estação de ônibus. Eu adorei. Este foi o "México real".

Fizemos quatro viagens adicionais, viajando 25 mil quilômetros no México e Guatemala - inserindo-nos na vida de ambos os países e falando espanhol o tempo todo. Qual foi o resultado? Eu parei de trabalhar em um laboratório e tornei-me uma escritora e fotógrafa freelance, vendendo artigos com base em nossas experiências. Meus filhos aprenderam, em primeira mão sobre a vida em ambos os países e, agora, são bilíngues. Um filho meu, posteriormente, viveu no México e foi para a escola por um ano.

Eu tinha 44 anos quando fiz a primeira viagem - e tinha esquecido muito das minhas aulas de espanhol. Felizmente eu trabalhava em uma fábrica de alimentos ao lado dos mexicanos-americanos. Eles riram do espanhol europeu que aprendi em Nova York. Foi então que conheci o modo mexicano de falar espanhol.

Nós viajamos no ônibus com animais, como os outros passageiros, *caminhamos no deserto, subimos em pirâmides, em sítios arqueológicos e ficamos maravilhados com os gênios das primeiras civilizações, em ambos os países. Em Tikal nosso pequeno avião mal desviava das árvores quando ele pousou na selva.*

Em Oaxaca meu filho mais novo comprou comida em um mercado indígena e trocou endereços com uma jovem vendedora. Tornaram-se amigos por correspondência. E em outra viagem a Oaxaca buscamos a família dessa jovem. Um taxista se recusou a nos levar, alegando que o bairro era muito perigoso. Outro motorista levou, mas não conseguiu encontrar a casa. Finalmente, uma mulher que cuidava das cabras ouviu o meu filho e disse: "Espere enquanto eu amarro as minhas cabras em uma árvore e eu vou lhe mostrar onde mora essa família." Ela assim o fez. Passei a noite mais memorável na casa deles, de apenas um quarto humilde, construído pelo pai. Conversamos inteiramente em espanhol. Mais tarde, o amigo por correspondência nos levou à uma reunião da igreja. Um menino de 15 anos de idade, à minha esquerda, praticava inglês comigo. À minha direita, uma mulher, em seu traje nativo, amamentava seu bebê. Fiquei emocionado ao experimentar o "velho" e o "novo" no México, simultaneamente.

No ano seguinte eu fiquei na casa de um outro amigo por correspondência, que vivia na pior favela da Cidade do México. Ser capaz de falar espanhol permitiu-me conhecer o México e me comunicar com as pessoas. Agora meus netos se correspondem em espanhol com os filhos dos primeiros amigos por correspondência do meu filho. Assim, duas gerações permanecem ligadas.

Acesse o site www.createyourworldbook.com/ maisdicas e informe seu email. Você receberá dicas atualizadas de como aprender idiomas, mais informações científicas dos benefícios para seu cérebro de falar duas os mais línguas.

Sobre a autora

Minhas habilidades multilíngues e o meu passaporte cheio de carimbos de lugares exóticos, tais como o Tajiquistão e o Camboja, têm fornecido muitas aventuras internacionais. Eu sou uma poliglota e viajante do mundo e o meu objetivo é capacitar as pessoas a serem cidadãos globais, torná-las bem informadas sobre os acontecimentos mundiais e confiantes viajantes e comunicadores internacionais.

Eu estudei 11 idiomas (inglês, russo, francês, espanhol, italiano, português, servo-croata, hebraico, árabe, húngaro e ladino) e falo oito deles. (Apenas vestígios do húngaro, hebraico e árabe permanecem na minha memória.) Através da minha trajetória com os idiomas que falo, os nove países que já vivi e as mais de 50 nações que visitei acho que eu me tornei uma cidadã do mundo.

Depois de ensinar inglês na Argentina, Bósnia e nos Estados Unidos percebi que a aprendizagem de idiomas pode ser divertida e fácil, através de exercícios auditivos e música. Minha vontade de viajar começou ainda em uma idade precoce. Enquanto vivia, estudava ou trabalhava no exterior eu viajava extensivamente nas regiões onde morava. Percebi que cada vez que eu aprendia um novo idioma, descobria novos mundos.

Idioma é música

Minha família emigrou para os Estados Unidos da União Soviética quando eu tinha três anos de idade. Quando era jovem eu comecei a sentir que eu tinha dois mundos diferentes, pois em casa falava russo, o que contrastava dramaticamente com a minha existência falando inglês.

Aos 15 anos eu era uma estudante de intercâmbio em Pornichet, França. Mesmo eu tendo que encurtar minha estada na França, depois de dois meses, eu me tornei fluente em francês e tive a oportunidade de começar a aprender espanhol. Na Universidade da Califórnia, em Berkeley, estudei Economia Política e continuei os meus estudos de espanhol depois aprendi italiano. Curiosa para aprender sobre a vida em outro país ex-comunista, além da União Soviética, eu completei meu último semestre no exterior, em Budapeste, Hungria, onde aprendi húngaro básico.

Depois de me graduar, trabalhei para o Departamento de Comércio dos Estados Unidos, ajudando as empresas do Vale do Silício a exportar. Para adicionar tempero à minha vida banal de funcionária de escritório resolvi aprender português sozinha, lendo *Com Licença, Português brasileiro para falantes de espanhol*, assim como ouvindo a rádio portuguesa.

Minha vida girou de cabeça para baixo quando fui viver bem longe, no fim do mundo do meu ponto de vista, em Buenos Aires, Argentina, em 1999. Sob o patrocínio de uma Bolsa do Rotary Club estudei na Universidade de Buenos Aires, fiz um estágio no Setor Comercial da Embaixada dos Estados Unidos, editei e escrevi para o jornal *Buenos Aires Herald* e ensinei inglês.

Pouco depois de voltar da América do Sul para a Califórnia fui para a Bósnia, onde elaborei projetos de desenvolvimento econômico em zonas de conflito para o Comitê internacional de Resgate (International Rescue Committee).

Depois da Bósnia trabalhei como professora substituta e empreguei minhas habilidades de língua espanhola para estudar o papel da religião na vida dos imigrantes mexicanos e salvadorenhos, dentro de um projeto de pesquisa ligado ao Pew Trust na Universidade de San Francisco. Motivada por minhas viagens ao Oriente Médio estudei um pouco de árabe. Usei minhas habilidades de língua italiana para comercializar vinhos italianos em San Francisco e para divulgar o movimento Slow Food. Em setembro de 2005 deixei para trás o mundo da gastronomia e do vinho italiano para escrever.

Atualmente vivo em Cupertino, Califórnia.

Para mais informações sobre o trabalho de Susanna, por favor, visite: **www.createyourworldbooks.com**

Outros Título por Susanna Zaraysky

Travel Happy, Budget Low:
Mais de 200 dicas poupar dinheiro para ver o mundo
(só em inglês)

Você quer ver o mundo, mas sua conta bancária não está pronta para um hotel de quatro estrelas ou até mesmo para um de três?

Você pode fazê-lo. Permita-se o luxo de ver o mundo!

Já viajei para mais de 50 países. As pessoas sempre ficam maravilhadas pelo fato de eu viajar tanto tendo um orçamento limitado. Esse livro contém mais de 200 dicas e 161 sites da Internet, abrangendo variados temas: como conseguir voos grátis, saúde e segurança, despesas com bagagem, passaportes e vistos, planejamento, alfândega e muito mais. Estão incluídas algumas histórias cômicas e bizarras de minhas viagens.

Travel Happy, Budget Low é uma cartilha sobre como viajar bem e ser frugal em qualquer lugar do mundo. Outros livros de viagens falam de lugares específicos, mas essa obra serve para qualquer parte do planeta.

Índice de palavras-chave

A
árabe 20, 79, 87, 89

B
bilíngue 79

C
calendário 74
cantar 7, 18, 19, 20, 26, 31

E
embaixada 64, 65
Ênfase 21
espanhol 3, 10, 34, 46, 53, 70, 72, 73, 77, 78, 79, 82, 83, 85, 86, 87, 88

F
Facebook 67
filme 4, 50, 51, 52, 53, 54, 55, 56, 57, 73, 83

G
grupos de conversação 65

H
Hughes, Sarah 19
Húngaro 21

I
idioma 7, 8, 9, 10, 13, 14, 15, 16, 17, 18, 19, 20, 21, 22, 23, 25, 26, 27, 28, 29, 30, 31, 34, 35, 36, 40, 41, 42, 43, 46, 50, 51, 52, 53, 54, 55, 57, 59, 60, 61, 62, 63, 64, 65, 66, 67, 68, 69, 70, 71, 72, 73, 74, 75, 76, 77, 78, 79, 82, 83, 84, 87, 88
inglês 4, 10, 15, 16, 17, 18, 20, 21, 28, 29, 34, 35, 50, 51, 56, 63, 71, 72, 73, 77, 78, 79, 84, 86, 87, 88, 89
instrumento 33, 34, 70
Internet 42, 47, 50, 62, 63, 65, 67, 68, 70, 89
italiano 20, 46, 72, 77, 78, 82, 87, 89

J
japonês 3, 19, 20, 66, 71, 78

K
Kaleidomundi 6
Karaokê 36

L
languagelizard.com 79
legendas 4, 50, 51, 52, 54, 55, 56, 57, 73, 78, 83
Linguality 77

Livros bilíngues 77
Ludke, Karen 7

M

mandarim 3, 23, 46, 63, 64, 72, 74, 78, 79, 91
melodia 7, 14, 16, 17, 20, 36, 37, 53
Mozart 14, 15
multiculturalkids.com 79
música 7, 8, 10, 13, 14, 15, 16, 19, 20, 21, 23, 26, 27, 28, 29, 30, 31, 36, 40, 41, 42, 43, 46, 47, 53, 57, 64, 73, 75, 84, 87
MySpace 67

N

Ning 67

O

Orkut 67

P

Pimsleur 82
Plaza Sesamo 78
português 1, 9, 10, 15, 16, 17, 18, 29, 35, 41, 53, 66, 70, 71, 72, 76, 77, 78, 79, 87, 88
Praxis 82
pronúncia 8, 10, 16, 18, 23, 29, 34, 36, 41, 50, 52, 60

R

rádio 7, 9, 11, 17, 27, 39, 40, 41, 42, 43, 83, 88
russo 22, 27, 66, 71, 74, 79, 84, 87, 88

S

Sacks, Oliver 2, 7
servo-croata 22, 27, 87
sotaque 8, 9, 14, 15, 16, 17, 18, 23, 31, 34, 36, 41
Stevenson, Robert Louis 25
Sulzberger, Paul 8

T

Televisão 11, 45, 47
Tomatis, Alfred 14, 15
Travel Happy, Budget Low 89

V

ViKi 51, 52
Vila Sésamo 78, 79

W

When Harry Met Sally 56

Y

Yabla 73
youtube 26, 51, 79

Índice de palavras-chave

www.ingramcontent.com/pod-product-compliance
Lightning Source LLC
Chambersburg PA
CBHW060405050426
42449CB00009B/1906